新
베이징 중국어
Beijing
40

원저 **북경어언대학출판사**
편저 **왕혜경** (홍익대학교 교수)

중급 - ①

중국어 제일
(주)시사중국어사
book.chinasisa.com

편저

왕혜경

고려대학교 문과대학 졸업
고려대학교 대학원 중국어학 석사과정 졸업
고려대학교 대학원 중국어학 박사과정 졸업(문학박사)
현 홍익대학교 교양과 교수

新베이징 중국어 Beijing 40 중급 - ❶

초 판 발 행	1996년 2월 10일
개정판발행	2008년 8월 10일
개정 2쇄	2011년 1월 5일

편저 왕혜경
그림 주형근
표지 디자인 이건화
내지 디자인 이호영
펴낸이 엄호열
펴낸곳 중국어 제일 ㈜시사중국어사
book.chinasisa.com
등록일자 1988년 2월 13일
등록번호 제1 - 657호
주소 서울 종로구 원남동 4 - 1
전화 (02) 745 - 9594　**팩스** (02) 3671 - 0500
홈페이지 book.chinasisa.com
이메일 china@sisabook.com

날이 갈수록 여러 분야에서 중국과의 교류가 많아지고 있음을 실감하는 요즘이다. 그래서인지 재학중에는 중국어의 필요성을 조금도 느끼지 못하다가 뒤늦게 중국어에 입문하는 이들을 주변에서 쉽게 볼 수 있다. 그때 서점에 가서 중국어 학습용 교재를 내키는 대로 펼쳐보면, 대부분이 학생들을 대상으로 만들어진 것이어서 자신들이 볼 만한 교재는 거의 없다는 불평을 하기도 한다.

평소 실제 생활에 근접한 교재가 필요하다고 생각하던 차에 본 교재를 출간하게 되었다. 캠퍼스와 연관된 중국어 단어와 내용에 익숙했던 학생들에게도 본 교재는 이제껏 접하지 못했던 새롭고 신선한 주제로 비쳐질 것임을 확신한다.

본 교재의 바탕은 1950년대 중국주재 외교관이나 비즈니스맨을 대상으로 중국어를 가르치기 위해 설립된 〈베이징외교관 문화센터 · 北京外交人員文化中心〉에서 편찬한 《보보고 · 步步高》에 있다. 원서인 《보보고》 역시 좋은 책이기는 했지만, 시간의 흐름은 아름다운 무늬마저도 색 바래게 만드는 법. 시대의 변화와 함께 이미 쓰이지 않는 단어, 현실에서 벗어나거나 추가해야 할 내용이 많아져, 필자는 원서의 전체적인 흐름은 그대로 유지하고, 기타 부분은 한국인의 실정에 맞게 완전히 개정하는 작업을 하였다. 따라서 본 교재는 이전의 어느 중국어 학습서와는 다른 독특하고도 새로운 내용의 교재임을 강조하여 이야기하고 싶다.

부디 본 교재를 통하여 살아 숨쉬는 중국어를 익히고 배웠으면 하는 바람이다.

편저 왕혜경

본 교재는 총 4권이며, 각 권은 모두 10과로 구성되어 있다. 각 과는 본문, 단어, 문법 해설 그리고 연습문제의 순으로 배열되어 있다.

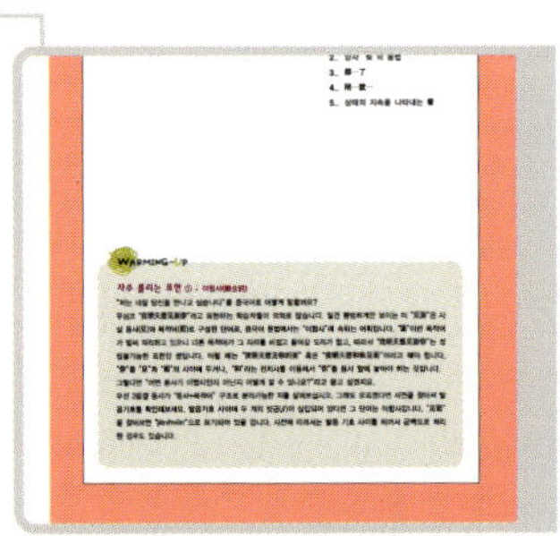

●표현연습●

한국 학습자들이 쉽게 혼동하여 틀리기 쉬운 표현이나 그 의미를 쉽게 구분하기 어려운 단어를 재미있게 해설하여 다시 한번 정확하게 이해할 수 있도록 하였다.

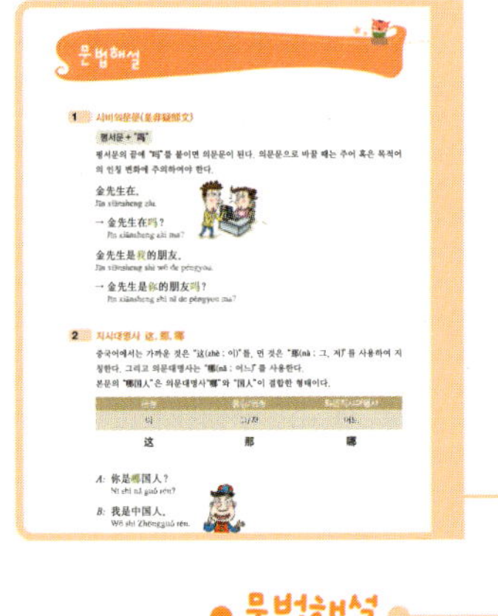

●본문●

각 장면이나 상황에 가장 적절한 중국어 문형과 표현을 소개하고, 대화의 배경과 장소도 사실적으로 구성하였다. 한 과에서 익혀야 하는 새로운 단어나 표현은 기초 1권과 2권의 경우 10개에서 13개, 중급 1권과 2권은 15개에서 20개 정도로 제한하였다.

●문법해설●

문법해설의 예문에는 어려운 단어의 사용을 지양하고, 이미 학습한 단어나 평이한 어휘만을 사용하였다.

외교관 김철수와 무역회사 직원인 그의 친구 박동화가 베이징에 부임한 뒤 겪게 되는 여러 가지 상황(생활, 업무, 물건 사기, 사교, 여행 등등)이 큰 줄기를 이루고 있다.

●연습문제●

반복훈련을 통해 학습자들이 부담 없이 새로운 단어와 문형들을 암기할 수 있도록 구성하였으며, 본문의 내용과 요점을 파악하는 데 도움이 될 수 있도록 배려하였다.

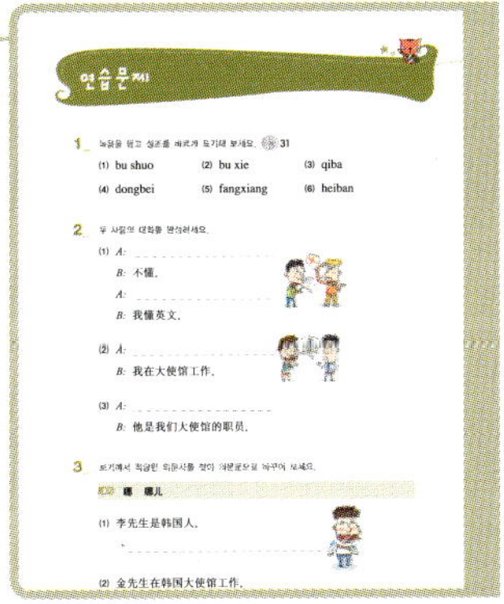

●중국의 이모저모●

중국에 관련된 문화지식을 소개하여 중국과 중국 사람의 이해에 도움이 되도록 하였다.

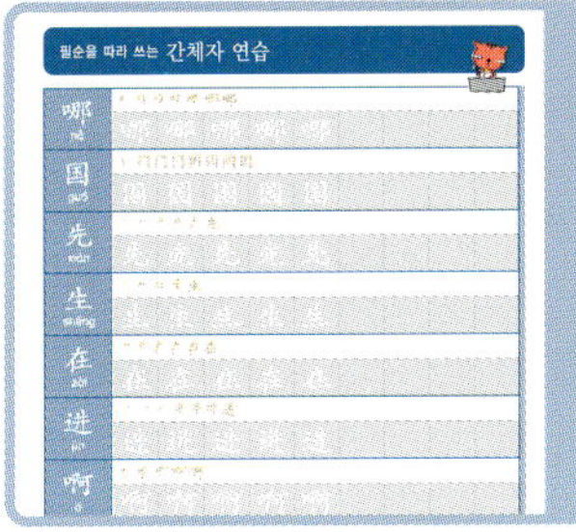

●간체자 연습●

각 과에는 간체자의 올바른 필순을 익힐 수 있도록 연습용 페이지를 마련하였다.

강의계획	과	회화	핵심어법
제1주		초급1,2에서 배웠던 단어들과 표현들을 총 복습한다.	
제2주	**1**	자주 틀리는 표현 ① : 이합사(离合词)	1_ 부사 好의 용법 2_ 양사 "些"의 용법 3_ 都…了 4_ 刚…就… 5_ 상태의 지속을 나타내는 着
		• 친구나 지인에게 요즘 어떻게 지내고 있는지 등을 묻는 표현을 중심으로 대화하는 방법을 배운다. • "好"의 부사용법, 양사 "些"의 용법 및 상태의 지속을 나타내는 "着" 등에 대해 배운다.	
제3주	**2**	자주 틀리는 표현 ② : 자동사	1_ 단독으로 쓰이는 就是 2_ 刚과 刚才의 차이 3_ 전치사 给의 용법 4_ 조동사 可以의 용법 5_ 동사의 중첩
		• 전화로 상대방과 약속을 정하는 표현 등을 중심으로 회화연습을 한다. • "刚"과 "刚才"의 차이점, "给"의 전치사 용법 및 동사의 중첩 등에 대해 배우고 연습한다.	
제4주	**3**	자주 틀리는 표현 ③ : 겉모습만 같은 단어	1_ 접속사 那 2_ 您是哪里? 3_ 동량사(动量词) 4_ 장소를 지칭하는 방법 5_ 如果…就…
		• 직통전화와 내선전화로 통화하는 방법 등을 중심으로 회화연습을 한다.	

강의계획	과	회화	핵심어법
		• 동량사 "次"와 장소를 지칭하는 인칭대명사 등에 대해 학습한다.	
제5주	4	자주 틀리는 표현 ④ : 순서가 반대인 단어	1_ 동량사 下 2_ 이합사(离合词) 3_ 부사 就 4_ 打个电话 5_ 피동문(被动句)
		• 여러가지 사정으로 휴가원을 제출할 때 쓰이는 표현을 배운다. • 동량사 "下"와 이합사 및 피동문 등에 대해 학습한다.	
제6주	5	자주 틀리는 표현 ⑤ : 순서가 다른 사자성어(四字成语)	1_ 中餐의 의미 2_ 선택의문문의 还是 3_ 就一位 4_ 기능보어
		• 집안일을 하러 온 중국인과 나누게 되는 표현을 배워본다. • 선택의문문 "还是"와 가능보어 등에 대해 학습한다.	
제7주		• 제1과에서 제5과까지 배운 문법 포인트를 총 복습하고, 그 동안 배운 표현을 이용하여 학생들이 각자 발표하는 시간을 가진다.	
제8주		• 중간 테스트	
제9주	6	자주 틀리는 표현 ⑥ : 글자가 다른 사자성어(四字成语)	1_ 有…了 2_ 农贸市场의 의미 3_ 범위를 한정하는 就是 4_ 연동문(连动句) 5_ 상태동사 喜欢 6_ 이중목적어를 취하는 동사

강의계획	과	회화	핵심어법
제9주		• 재래시장에서 물건 값을 흥정하는 표현을 중심으로 배운다. • 연동문과 상태동사 및 이중목적어를 취하는 동사 등에 대해 학습한다.	
제10주	7	의미의 미묘한 차이 구별 ① : "肥"와 "胖"	1_ 복합방향보어와 목적어의 위치 2_ 동태조사 过 3_ 단음절 형용사의 중첩 4_ 겸어문(兼语句) 5_ 谁说没来
		• 집안의 인테리어와 가구의 배치를 바꾸고 싶을 때 흔히 쓰이는 표현들을 중심으로 배운다. • 복합방향보어와 동태조사 "过", 단음절 형용사의 중첩 및 겸어문 등에 대해 학습한다.	
제11주	8	의미의 미묘한 차이 구별 ② : "知道"와 "认识"	1_ 비교문(比较句) 2_ 강조구문 不是…吗 3_ 便宜是便宜 4_ 大家还是喜欢住新楼 5_ 방위사(方位词)
		• 집 주변의 환경에 대해 대화를 나눌 때 필요한 표현들을 배운다. • 비교문과 방위사 등에 대해 학습한다.	
제12주	9	의미의 미묘한 차이 구별 ③ : "了解"와 "理解"	1_ 过와 了의 결합 2_ 사역문과 겸어문 3_ 有点儿과 一点儿의 비교 4_ 동사 以为 5_ 접속사 要不
		• 고장난 물건의 에프터서비스를 받게 될 때, 필요한 표현들을 배운다.	

강의계획	과	회화	핵심어법
		• "有点儿"과 "一点儿"의 비교, 사역문과 겸어문, 그리고 "过"와 "了"의 결합 등에 대해 학습한다.	
제13주	10	의미의 미묘한 차이 구별 ④ : "本来"와 "原来"	1_ 阿姨의 의미 2_ 您怎么称呼 3_ 够의 용법 4_ 打扫卫生 5_ 特别의 용법 6_ 의문사 + 都 7_ 의문대명사의 활용 : 임의지시 (任意指示) 혹은 범지(泛指) 8_ 의미상의 가정문(假设句)
		• 집에 청소하러 온 아주머니와 이야기를 나눌 때 필요한 회화 표현들을 배운 다. • 의문대명사의 활용과 의미상의 가정문 등에 대해 학습한다.	
제14주		• 제1과에서 제5과까지 배운 문법 포인트를 총 복습하고, 그 동안 배운 표현을 이 용하여 학생들이 각자 발표하는 시간을 가진다. 제6과에서 제10과까지 배우고 익힌 문법 포인트를 총 복습하고, 그 동안 배운 표현을 이용하여 학생들이 각자 발표하는 시간을 가진다.	
제15주		• 최종 테스트	

품사의 정리

중국어에서는 단어를 실사(实词)와 허사(虚词)로 구분한다. 실사란 비교적 실제적인 의미를 갖고 대체로 단독으로 문장 성분이 되는 것이며, 허사란 단독으로 문장 성분이 되지 않는 것을 말한다. 부사는 문장성분에서 부사어가 될 수도 있고, 감탄사도 하나의 문장이 될 수 있지만 이들도 허사 속에 포함된다.

1. 명사	사람 혹은 구체적인 사물을 나타낸다	鲁迅　同志　工人　山　牛　铅笔
	추상적인 사물을 나타낸다	教育　交通　事务　战争　友谊
	장소를 나타낸다 〈장소사〉	北京　长城　黄河　亚洲　美国
	시간을 나타낸다 〈시간사〉	秋天　夏季　明天　早晨　晚上
	방위를 나타낸다 〈방위사〉	东　西　上　下　前面　后头
2. 동사	동작·행위를 나타낸다	走　打　说　保卫　团结　支持
	존재·변화를 나타낸다	有　存在　消失　缩小　兴旺
	심리활동을 나타낸다	想　爱　恨　忘记　希望　喜欢
	사역을 나타낸다	使　叫　让　请　命令　要求
	가능·원망(愿望)을 나타낸다 〈능원동사〉	能　会　可以　应该　愿意
	방향을 나타낸다 〈방향동사〉	来　去　起来　过来　下去　进来
	판단을 나타낸다 〈판단사〉	是
3. 형용사	성질을 나타낸다 〈성질형용사〉	高　好　小　美丽　优秀　勇敢
	상태를 나타낸다 〈상태형용사〉	大大　干干净净　雪白　热乎乎
4. 수사	명확한 수를 나타낸다	一　二　三十　百　千
	대략적 수를 나타낸다	几　一些　许多　少数
5. 양사	명사적 양을 나타낸다 〈명량사〉	个　本　支　件　尺　寸　斤
	동사적 양을 나타낸다 〈동량사〉	次　回　下　遍　阵　趟
6. 대명사	인칭대명사	我　你　他　我们　你们　他们
	의문대명사	谁　什么　怎么　怎样　哪　哪里
	지시대명사	这　那　这里　那里　这么　那么
7. 부사		很　都　不　非常　往往　就　又
8. 전치사		由　自　从　在　向　朝　和　对于
9. 접속사		和　同　不但　而且　虽然　但是
10. 조사	구조조사	的　地　得　所　似的
	동태조사	了　着　过
	어기조사	的　了　吗　呢　吧
11. 감탄사		啊　哎　哎呀　呸　喂　嗯
12. 의성어		砰　咚　轰隆　乒乓　哗啦啦

박동화
한국무역회사
북경주재원

장후와쥔
박동화의 동료,
한국무역회사
북경지사 직원

정참사관의
부인

정참사관 부부의
중국어 선생

김철수
주중한국대사관
직원

정참사관
김철수의 상사

리밍
주중한국대사관
직원

왕란
리밍의 친구

1 陪代表团。
Péi dàibiǎotuán.

CHECK-up POINT

1_ 부사 好의 용법
2_ 양사 "些"의 용법
3_ 都…了
4_ 刚…就…
5_ 상태의 지속을 나타내는 着

WARMING-UP

자주 틀리는 표현 ① : 이합사(离合词)

"저는 내일 당신을 만나고 싶습니다"를 중국어로 어떻게 말할까요?

무심코 "我明天想见面你"라고 표현하는 학습자들이 의외로 많습니다. 일견 평범하게만 보이는 이 "见面"은 사실 동사(见)와 목적어(面)로 구성된 단어로, 중국어 문법에서는 "이합사"에 속하는 어휘입니다. "面"이란 목적어가 벌써 자리하고 있으니 다른 목적어가 그 자리를 비집고 들어갈 도리가 없고, 따라서 "我明天想见面你"는 성립불가능한 표현인 셈입니다. 이럴 때는 "我明天想见你的面" 혹은 "我明天想和你见面"이라고 해야 합니다. "你"를 "见"과 "面"의 사이에 두거나, "和"라는 전치사를 이용해서 "你"를 동사 앞에 놓아야 하는 것입니다.

그렇다면 "어떤 동사가 이합사인지 아닌지 어떻게 알 수 있나요?"라고 묻고 싶겠지요.

우선 2음절 동사가 "동사+목적어" 구조로 분리가능한 지를 살펴보십시오. 그래도 모르겠다면 사전을 찾아서 발음기호를 확인해보세요. 발음기호 사이에 두 개의 빗금(//)이 삽입되어 있다면 그 단어는 이합사입니다. "见面"을 찾아보면 "jiàn//miàn"으로 표기되어 있을 겁니다. 사전에 따라서는 발음 기호 사이를 띄어서 공백으로 처리한 경우도 있습니다.

金哲秀正给朴东和打电话

金哲秀　　喂！你是朴东和吗？

朴东和　　对。你是金哲秀吧？

　　　　　好几天没看见你了。

金哲秀　　是啊！

　　　　　这几天我不在北京。

朴东和　　你去哪儿了？

金哲秀　　我去外地了。

NEW WORDS

陪 péi ⑧ 동반하다. (곁에서) 수행하다　　　　　喂 wèi ㉧ (전화에서) 여보세요

外地 wàidì ⑲ 자신이 살고 있는 지역이 아닌 다른 지역, 도시에 대한 상대적인 의미에서 농촌

 2

朴东和	是去旅游了吗？
金哲秀	不是，我去陪代表团了。
朴东和	什么代表团？
金哲秀	文化代表团。
朴东和	你们访问了哪些地方？
金哲秀	在北京访问了三天，还去了西安和广东。

旅游 lǚyóu 〔동〕 관광(여행)하다　　**文化** wénhuà 〔명〕 문화. 학문. 교양

访问 fǎngwèn 〔동〕 방문하다　　**些** xiē 〔양〕 약간. 조금　　**地方** dìfang 〔명〕 장소. 곳. 부분

西安 Xī'ān [지명] 시안. 섬서성(陕西省)의 성도(省都)

广州 Guǎngzhōu [지명] 꾸앙저우. 광동성(廣東省)의 성도(省都)

3

朴东和	代表团回国了吗？
金哲秀	已经回去了，
	是昨天上午离开广州回国的。
朴东和	你是什么时候回北京的？
金哲秀	我是昨天晚上从广州回来的。
	到北京都十一点半了。

NEW WORDS

已经 yǐjīng ㈜ 이미. 벌써	**离开** líkāi ⑧ 떠나다. 벗어나다
从 cóng ㉠ …로부터(시간, 공간의 기점을 나타낸다)	**事情** shìqing ⑨ 일. 용건. 사건

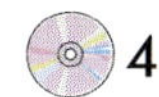 4

朴东和	你昨天晚上刚回来，今天就上班了？
金哲秀	是啊！好几天不在，
	很多事情等着我做呢。
朴东和	那你一定很累，
	要好好儿休息休息。
金哲秀	没关系，明天是星期六，
	明天再休息吧。

着 zhe ㊈ …하고 있다(동작의 진행이나 상태의 지속을 나타낸다)

做 zuò ㊍ 하다. 만들다. 제조하다. (일이나 활동 등에) 종사하다　　**一定** yídìng ㊅ 반드시 …하다

문법해설

1 부사 好의 용법

"多" 혹은 "几" 등의 앞에 쓰여서 이어지는 단어의 의미를 강조한다.

好几天没看见你了。

今天我们这儿来了好多客人。

他一连看了好几部电影。

2 양사 "些"의 용법

불명확한 복수의 수(数)나 양(量)을 나타내며, "些"의 앞에는 주로 "一"("1"을 제외한 다른 숫자는 사용할 수 없음), "有", "这(那、哪)", "某" 등이 온다.

你们访问了哪些地方？

我讨厌那些声音。

老板对某些部门很不满意。

3 都…了

"벌써(어느새) …이다"라는 뜻을 나타내며, "都"의 다음에 이어지는 단어나 구의 정도를 특별히 강조한다.

到北京都十一点半了。

都十二点了，你还不睡！

结婚都两年了还没见过岳父母。

4 刚…就…

비교적 고정된 형식이며, 두개의 동작이 연이여 발생함을 나타낸다. 일반적으로 刚은 동사 앞에 사용되며, "…하자마자 곧 …하다"의 뜻으로 쓰인다.

他刚想出去，就被太太发现了。

我刚要吃饭，电话就响了。

我刚回来，你就让我干活。

5 상태의 지속을 나타내는 着

"着"가 상태의 지속을 나타내는 경우, 동사의 성격에 따라 다르기는 하지만, 일반적으로 동사+着+목적어+(呢) 의 어순을 따른다. 이 때 동사의 앞에 "正" 혹은 "正在"를 쓰는 경우는 그다지 많지 않지만, "呢"는 문장 끝에 종종 덧붙이기도 한다.

很多事情等着我做呢。

外边儿下着大雨。

书在桌子上放着呢！

"着"를 포함하는 문장의 정반의문문은 기본적으로 동사+着+没+동사+着 의 어순을 취하며, 문장 끝에 "没有"를 덧붙여서 만들기도 한다.

医院门开着没开着？

医院门开着没有？

她手里拿着报纸没拿着？

她手里拿着报纸没有？

1　다음 단어를 바꾸어서 연습해 보세요.

(1)　好几 <u>天</u> 没 <u>看见你</u> 了。

个晚上	好好儿休息
个星期	学习中文
个月	去公园

休息 xiūxi 동 쉬다

(2)　他 是 <u>昨天上午</u> 离开 <u>广州</u> 回 <u>国</u>的。

前天	北京	上海
去年	中国	韩国
晚上八点	这儿	家

(3)　你 昨天 晚上 刚 <u>回来</u>，今天 就 <u>上班</u> 了！

到北京	来看我
说想买	买
认识他	和他去旅游

2　다음 보기에서 알맞은 단어를 찾아 빈칸에 써보세요.

보기　等着　好好儿　好几天　旅游　陪　访问　离开

A: 你好！小王 ＿＿＿＿＿＿＿ 没看见你了。

B: 这些天我不在北京。

A: 你去 ＿＿＿＿＿＿＿ 了吗？

B: 不。不是旅游，是去 ＿＿＿＿＿＿＿ 代表团了。

A: 你们去了哪些地方？

B: 我们 ＿＿＿＿＿＿＿ 了北京、西安、上海和广州。

A: 代表团还在中国吗？

B: 他们昨天上午＿＿＿＿＿＿＿＿上海回国了。

A: 现在你可以＿＿＿＿＿＿休息几天了。

B: 没有时间休息，还有很多事情＿＿＿＿＿＿我做呢。

A: 星期日再好好儿休息吧。

3 다음 문장의 잘못된 곳을 찾아 바르게 고쳐보세요.

(1) 张先生在办公室等我着呢。

→

(2) 你们都去了哪地方？

→

(3) 那家饭店门开着不开着？

→

(4) 我几好天没看见你了。

→

(5) 现在都早上十点。

→

4 다음 우리말을 중국어로 옮기세요.

(1) 요 며칠 동안 저는 집에 없었습니다.

→

(2) 집에 도착하니 벌써 저녁 11시 반이었습니다.

→ ____________________________________

(3) 어제 막 돌아왔는데, 오늘 바로 출근하신 겁니까?

→ ____________________________________

(4) 분명히 힘드셨을 겁니다.

→ ____________________________________

(5) 내일 쉬도록 하겠습니다.

→ ____________________________________

5_ 다음 단문을 읽고 물음에 답하세요. 💿 5

> 金哲秀今天去看朴东和。朴东和说好几天没看见金哲秀了。朴东和问金哲秀去哪儿了，金哲秀说他陪一个文化代表团去外地了。金哲秀说他们访问了很多地方，他们在北京访问以后，从北京坐飞机到了西安。以后还去了广州。前天，代表团离开广州回国了。金哲秀昨天晚上刚回北京来，到家都十一点半了。朴东和让金哲秀好好儿休息几天。金哲秀说不行，因为很多事情等着他做。

(1) 朴东和为什么好几天没看见金哲秀？ → ____________________________________

(2) 金哲秀陪代表团去没去广东？ → ____________________________________

(3) 代表团什么时候回国了？ → ____________________________________

(4) 金哲秀为什么不能休息？ → ____________________________________

陪 péi	陪 陪 陪 陪 陪
喂 wèi	喂 喂 喂 喂 喂
地 dì	地 地 地 地 地
旅 lǚ	旅 旅 旅 旅 旅
游 yóu	游 游 游 游 游
访 fǎng	访 访 访 访 访
些 xiē	些 些 些 些 些
已 yǐ	已 已 已 已 已
经 jīng	经 经 经 经 经
从 cóng	从 从 从 从 从

这是房卡和早餐卷，请收好！
用现金结账还是信用卡？
谢谢，请给我开通一下国际长途。
我要退房！
HOTEL
您先坐着，我去办入住手续。

2 安排拜会。

Ānpái bàihuì.

WARMING-UP

자주 틀리는 표현 ② : 자동사

자동사는 목적어를 취할 수 없습니다. 이는 누구나 다 아는 당연한 문법 사항이지만 한국어에서는 목적어를 취할 수 있는 타동사인데도 불구하고 중국어에서는 자동사 취급을 받는 동사들이 있기 때문에 문제가 발생합니다. 그것도 상당히 많이(!!).

예를 들어, "올 여름 나는 중국을 여행하고 싶다"를 "今年夏天我想旅行中国"라고 표현한다면 과연 정확할까요? 우리말에 목적어(중국을)와 동사(여행하다)가 있으니 중국어에도 그에 상응하는 목적어(中国)와 동사(旅行)가 있어야 마땅할 것 같은 느낌이 들겠지만, 유감스럽게도 중국어의 "旅行"은 목적어를 취할 수 없는 자동사입니다. 따라서 "今年夏天我想旅行中国"는 문법적으로 틀린 표현이 됩니다. 정확하게는 "今年夏天我想到中国去旅行"이라고 해야 합니다. 참고로 "旅行"과 뜻이 비슷한 "旅游" 역시 자동사이기 때문에 "去年我旅游中国了"가 아니라 "去年我到中国去旅游了(작년에 나는 중국을 관광하였다)"와 같이 표현해야 합니다.

🔵 6

日本大使馆的田中一郎给金哲秀打电话

金哲秀　　您好！这儿是韩国大使馆。您找谁！

田中一郎　我是日本大使馆。请问，金哲秀先生在吗？

金哲秀　　我就是。你是田中先生吧？

田中一郎　对。你好，金先生！刚才我给你打电话，你不在。

金哲秀　　哦，对不起。

　　　　　刚才我出去了，

　　　　　有事儿吗？

NEW WORDS

打 dǎ ⑧ (전화를) 걸다. 때리다. 두드리다. (운동, 오락 등을) 하다

日本 Rìběn [지명] 일본　　　　　田中一郎 Tiánzhōng Yīláng [인명] 타나카 이치로

刚才 gāngcái ④ 방금. 막　　　给 gěi ⑧·④ 주다, …에게　　　电话 diànhuà ⑨ 전화

7

田中一郎 　我们参赞想拜会你们参赞。

金哲秀 　什么时候？

田中一郎 　这个星期或者下个星期，可以吗？

金哲秀 　这个星期可能不行，他的日程已经安排满了。

　　　　因为我们大使不在北京，

　　　　他现在是临时代办，很忙。

安排 ānpái 동 안배하다, 배치하다　　拜会 bàihuì 동·명 방문(하다). 방문하여 면회하다

或者 huòzhě 접 혹은. 또는　　行 xíng 동 괜찮다　　日程 rìchéng 명 일정. 스케줄

满 mǎn 형 가득차다. 채우다. 일정한 기간에 도달하다　　大使 dàshǐ 명 대사

临时 línshí 명 임시　　代办 dàibàn 명 대리자. 임시 대사(공사)

临时代办 línshídàibàn 명 임시대리대사

田中一郎　那，下个星期呢？

金哲秀　　下个星期大概可以，

　　　　　下个星期的活动现在还没安排。

田中一郎　你看星期几方便？

金哲秀　　星期一或星期二都可以。

田中一郎　那下星期一上午，怎么样？

NEW WORDS

活动 huódòng 명동 활동(하다). 몸을 움직이다. 고정되어 있지 않다. 융통성이 있다

9

金哲秀　我想可以。

　　　　可是，我得问问我们参赞。

田中一郎　你什么时候给我答复？

金哲秀　明天上午告诉你，好吗？

田中一郎　好，我等你的电话。

答复 dáfù 명동 대답(하다). 회답하다　　　　**告诉** gàosu 동 알리다. 가르쳐주다

1 단독으로 쓰이는 就是

"就是"가 단독으로 쓰일 때는 "물론이다, (상대방의 말이나 의견 등을 듣고) 맞다, 틀림없다"라는 뜻을 나타내지만, 그 이외의 경우에는 내용을 강조하거나 범위를 한정하는 등 다른 뜻을 가지게 된다.

A: 金先生在吗？

B: 我就是。

不管怎么说，他就是不同意。

2 刚과 刚才의 차이

"刚"은 "막(금방) …하였다, …한 지 얼마 되지 않았다"는 뜻으로 동작 혹은 행위가 끝난 지 얼마 지나지 않았음을 나타내는 부사이며, "刚刚"처럼 중복하여 쓰더라도 의미상 큰 차이는 없다.

他的病刚好，要多休息几天。

"刚才"는 "조금 전, 방금"이라는 뜻으로, 대화가 행해지는 시점으로부터 얼마 떨어지지 않은 과거를 나타내는 명사이다.

刚才你到哪儿去了。

"刚"과 "刚才"의 차이

	품사	부정문	수량사
刚	부사	사용불가	사용가능
刚才	명사	사용가능	사용불가

3 **전치사 给의 용법**

물건을 받는 사람이나 동작의 대상을 이끄는 역할을 한다. 동사의 앞에 쓰이는 경우와 뒤에 쓰이는 두 가지 경우가 있는데, 본문에서와 같이 동사의 앞에 쓰일 경우에는 일반적으로 주어+给+명사(대명사)+동사 의 어순을 취한다.

동사의 앞에 쓰이는 경우: 我给你打电话。

동사의 뒤에 쓰이는 경우: 她没留给我信。

4 **조동사 可以의 용법**

가능을 나타내는 경우

어떤 동작이나 행위가 가능함을 나타낸다. 질문에 대한 대답의 긍정형은 "可以" 한 단어만을 사용하여도 되며, 부정형은 "不可以"가 아니라 "不能"이나 "不行"을 쓴다.

A: 你可以做二十个人的晚饭吗?
B: 可以。

허가를 나타내는 경우

어떤 동작이나 행위에 대한 허가를 나타낸다. 대답은 가능 용법과 거의 동일하나 대답의 부정형으로 "不可以"도 사용할 수 있다는 점이 다르다.

如果你忙, 不去也可以。

5 **동사의 중첩**

일반 동사를 중첩하면 동작에 소요되는 시간이 짧거나 동작을 행하는 횟수가 적음을 나타내게 되어 "시험 삼아 …해 보다" 정도의 의미가 된다. 이때 중첩되는 두 번째 음절은 경성에 가깝게 소리난다.

我得问问她。

1 다음 단어를 바꾸어서 연습해 보세요.

(1) **这个星期** 可能不行, **他的日程已经安排满了**。

他去	他这个星期很忙
明天见他	他明天上午和下午都有拜会
麻婆豆腐	这家饭馆儿的菜谱里没有

菜谱 càipǔ 명 메뉴

(2) 我想可以。可是，我得 **问问我们参赞**。

看看下星期的安排

再打电话问问

好好儿准备准备

(3) **你** 什么时候 **给我答复**？

王老师	给他上课
金先生	给他介绍女朋友
李小姐	去买衣服

2 다음 보기에서 알맞은 단어를 찾아 빈칸에 써보세요.

보기 　拜会　安排　问　刚才　给　学习

A: 张先生，听说你找我。

B: 对，＿＿＿＿＿＿我找您，您不在。

A: 有什么事吗？

B: 美国大使馆的参赞想＿＿＿＿＿您。

A: 什么时候？

B: 他们＿＿＿＿＿＿下星期一上午行不行？

A: 下星期一上午九点，是我＿＿＿＿＿中文的时间。

　　十点以前不能＿＿＿＿＿活动。

B: 好。那我就＿＿＿＿＿他们打电话，他们还等着答复呢。

A: 可以。

3__ 다음 문장의 잘못된 곳을 찾아 바르게 고치세요.

(1) 他的病刚才好，还要休息几天。

　　→ ＿＿＿＿＿＿＿＿＿＿＿＿＿＿＿＿＿＿＿＿

(2) 我给你王老师介绍。

　　→ ＿＿＿＿＿＿＿＿＿＿＿＿＿＿＿＿＿＿＿＿

(3) 下个星期一不可以上课吗？

　　→ ＿＿＿＿＿＿＿＿＿＿＿＿＿＿＿＿＿＿＿＿

(4) 我要先问问一下儿参赞。

　　→ ＿＿＿＿＿＿＿＿＿＿＿＿＿＿＿＿＿＿＿＿

(5) 他给了我买一件毛衣。

　　→ ＿＿＿＿＿＿＿＿＿＿＿＿＿＿＿＿＿＿＿＿

4__ 다음 우리말을 중국어로 옮기세요.

(1) 실례합니다만, 김 선생님 계신가요?

　　→ ＿＿＿＿＿＿＿＿＿＿＿＿＿＿＿＿＿＿＿＿

(2) 그의 스케줄은 이미 꽉 찼습니다.

→ _______________________________________

(3) 오늘 아니면 내일 다 괜찮습니다.

→ _______________________________________

(4) 그럼 당신의 전화를 기다리겠습니다.

→ _______________________________________

(5) 내일 오전에 당신에게 알려드리겠습니다.

→ _______________________________________

5 다음 단문을 읽고 물음에 답하세요. 💿 10

> 　　金先生刚从外地回来就上班了。很多事情等着他做，他没有时间好好儿休息。
>
> 　　今天，日本大使馆的人给金先生打来电话说，日本大使馆的参赞想拜会韩国大使馆的参赞。可是现在韩国大使馆的参赞工作很忙，这个星期的日程已经安排满了。金先生想下星期大概可以安排这个拜会。可是，他得先问问他们的参赞。

(1) 今天谁给金先生打来电话了？ → _______________________________________

(2) 最近韩国大使馆的参赞工作忙不忙？ → _______________________________________

(3) 这个星期参赞的日程安排满了没有？ → _______________________________________

(4) 金先生想大概什么时候可以安排这个拜会？ → _______________________________________

安 ān	安
排 pái	排
拜 bài	拜
才 cái	才
给 gěi	给
电 diàn	电
话 huà	话
或 huò	或
者 zhě	者
日 rì	日

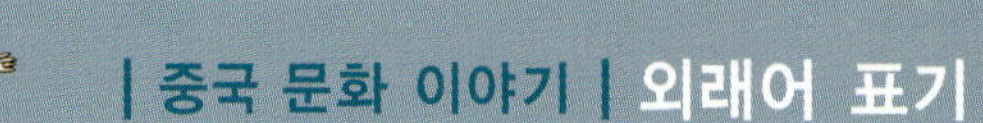

오늘날 사회와 문화가 급격히 변하고, 다방면에서 외국과의 교류가 활발해지면서, 다양한 외래어가 유입되기도 하고, 생겨나기도 한다. 중국에서도 마찬가지로 나날이 외국과의 접촉이 많아지면서, 사용되는 외래어가 점점 많아지고 있다. 중국에서는 이런 외래어들을 그대로 사용하지 않고, 그들 나름의 방법으로 외래어를 만들어 사용하고 있는데, 기발하고 재미있는 외래어 표기가 많이 있다.

그 대표적인 예로, 세계적 음료 브랜드인 Coca Cola를 중국에서는 可口可乐 kěkǒukělè(可口 입에 꼭 맞는 또는 아주 맛있는 / 可乐 먹을수록 즐거운)라고 말하는데, 음과 뜻을 모두 고려한 표기이다. 이와 비슷한 예로, 维他命 wéitāmìng 비타민, 脱口秀 tuōkǒuxiù 토크쇼, 模特儿 mótèr 모델 등이 있다.

반면에 중국어로 외래어를 표기하는데, 한자가 음과 뜻을 항상 만족시킬 수는 없기 때문에 다른 방법으로 표기하기도 한다. 음만을 고려해 만든 외래어로는 肯德基 kěndéjī 케이에프씨, 沙发 shāfā 쇼파, 麦当劳 màidāngláo 맥도날드 등이 있으며, 외래어 음에 사물의 분류를 알려주는 중국어를 조합한 예로 啤酒 píjiǔ 맥주(啤beer+酒), 吉普车 jípǔchē 지프차 (吉普 jeep+车)등이 있다.

이처럼 중국인들은 한국과는 다르게 다양한 방법으로 외래어 중국어 표기를 하고 있다. 이밖에 우리 일상생활에서 비교적 친숙한 家乐福 jiālèfú 까르프, 百事可乐 bǎishì kělè 펩시 콜라, 芬达 fēndá 환타, 因特网 yīntèwǎng 인터넷 등과 같은 실용적인 외래어 학습 역시 중국어를 공부하는데 있어서 또 다른 새로운 즐거움이 될 것이다.

3 同意会见。

同意会见。

Tóngyì huìjiàn.

WARMING-UP

자주 틀리는 표현 ③ : 겉모습만 같은 단어

한국어 어휘의 70% 이상이 한자어이기 때문에 자연히 같은 한자에 같은 뜻으로 쓰는 단어가 한·중 양국 간에 존재하지만, 문제는 그런 단어들이 100% 같은 의미로 쓰이지는 않는다는 사실입니다. "招待zhāodài"가 바로 그런 단어의 대표라고 하겠습니다. 이 단어를 우리말 한자음으로 읽으면 "초대"가 되니까 한자를 좀 안다는 사람이라면 중국어사전조차 뒤적이지 않고 "초대하다"란 뜻이려니 하고 다음 단어로 눈길을 쓰윽 돌립니다. 그렇다면 아래 문장은 어떻게 해석이 될까요?

A. 谢谢你们的热情招待。

"A"를 "여러분의 열정적인 초대에 감사합니다"라고 이해해도 별 무리는 없을 듯합니다. 잘못 알고 있어도 어느 정도 문맥이 통하니까 "招待"를 "초대하다"로 오해하는 사람이 많은 것이겠지요. 그렇지만 "A"의 정확한 의미는 "여러분의 진심어린 접대에 감사합니다"입니다.

만약 "招待"가 "초대하다"는 뜻으로 쓰인다면 다음과 같은 표현이 존재할 리가 없겠지요.

B. 如果我去你家，你怎么招待我呀?

"B"의 뜻이 "내가 너희 집에 가면 어떻게 초대할 거니?"일까요? 집에 갔는데, 또 초대를 하다니? 이 예문을 통해서 "招待"에 "초대하다"는 뜻이 없다는 사실은 분명하게 밝혀졌습니다. 지금까지의 설명으로 "B"가 무슨 뜻인지 이미 다 잘 알았겠지요? "만약 내가 너희 집에 가면 넌 어떻게 날 대접할 거니?"가 정확한 뜻이랍니다.

🔘 11

金哲秀给日本大使馆打电话

电话员　　喂！这里是日本大使馆，您找谁？

金哲秀　　请转983。

电话员　　对不起，983占线。

金哲秀　　那转984吧。

电话员　　好。请您等一等。

NEW WORDS

电话员 diànhuàyuán ㉳ 전화교환원

转 zhuǎn ㉲ (의견, 물건, 종이 등을) 전달하다. 전송하다. (방향, 위치 등을) 바꾸다. 옮기다

占线 zhànxiàn ㉲ 통화중이다

🔘 12

铃木次郎	喂！我是铃木。您是哪里？
金哲秀	你好，铃木先生。我是韩国大使馆的金哲秀。
	我给田中先生打了两次电话，都没有人接。
铃木次郎	你有事吗？我可以转告。
金哲秀	那好，请你转告田中先生，
	我们参赞同意会见木村参赞。

次 cì 양 번, 회(횟수를 나타내는 양사)

转告 zhuǎngào 동 말을 전하다. 전언하다.

铃木次郎 Língmù Cìláng [인명] 스즈키 지로

会见 huìjiàn 명동 접견(하다)(주로 외교적인 회합에 쓰임)

接 jiē 동 (전화를) 받다

同意 tóngyì 명동 동의(하다)

木村 Mùcūn [인명] 키무라

13

铃木次郎　什么时间？

金哲秀　　下星期一上午十点半。

铃木次郎　行。等他回来，我就告诉他。

金哲秀　　如果有变化，请给我来个电话。

New Words

变化 biànhuà 몡 변화

🔵 14

铃木次郎　好吧。

你那儿有直拨电话吗？

金哲秀　有，号码是 5821048。

铃木次郎　好吧，如果没有变化，

就不给你打电话了。

金哲秀　好，就这样吧。

如果 rúguǒ 집 막약　　　　　直拨电话 zhíbōdiànhuà 명 직통전화
号码 hàomǎ 명 번호

1 접속사 那

"그러면, 그렇다면"이라는 뜻으로, 지시대명사 "那" 혹은 "这"는 앞에 등장한 내용 전체를 다시 한 번 지칭하는 역할을 하기도 한다.

你想要，那就给你吧。

2 您是哪里?

전화를 걸어온 상대방의 신분을 완곡하게 확인하는 표현이다. 즉, 직접 상대방에게 "누구입니까(您是谁?)"라고 묻는 것보다 좀 더 정중하다는 느낌을 준다.

3 동량사(动量词)

동작의 양을 헤아리는 단위를 동량사라고 하며, 본문의 "次"는 주로 반복 동작을 헤아릴 때 쓰이는 전용동량사이다. 동량사는 문장 내에서는 주로 동사 뒤에서 보어로 사용되는데, 만약 문장 내에 목적어가 있을 경우, 목적어는 동량사 뒤에 두고, 목적어가 대명사 혹은 사람을 가리키는 명사일 경우에는 동량사 앞에 둔다.

我打了两次电话了。

他叫了我两次。

4 장소를 지칭하는 방법

인칭대명사(또는 명사)의 뒤에 "这儿" 혹은 "那儿"을 덧붙이면, 원래 장소와는 관련없던 단어가 장소를 나타내는 단어로 변화한다.

他们那儿有三十台最新型号的电脑。

5 如果…就…

가정을 나타내는 "如果"는 주절에 "就", "便", "则" 등을 동반하는 경우가 많으며, 이때 "만약 …하다면 곧 …하겠다."라는 뜻을 나타낸다.

如果你不认识她，我就不用说了。

1 다음 단어를 바꾸어서 연습해 보세요.

(1) <u>我给李先生打了</u> <u>两次</u> <u>电话</u>。

这个月他去了	上海
张先生一个星期去了	天坛公园
我一个星期学习	中文

(2) 等 <u>他回来</u>, 我就 <u>告诉他</u>。

下了班	去见女朋友
家里有人	出去
肚子饿了	吃饭

(3) 如果 <u>没有变化</u>, 就 <u>不给你们打电话了</u>。

没有时间	不要去了
不喜欢喝茶	喝咖啡吧
他还不来	不等他了

> 天坛 tiāntán 몡 천단
> 咖啡 kāfēi 몡 커피

2 다음 보기에서 알맞은 단어를 찾아 빈칸에 써보세요.

보기 电话号码 分机 转 占线 让 转告 来个电话

A: 您好！请＿＿＿＿＿＿384分机。

B: 对不起，＿＿＿＿＿＿。请等一会儿再打吧。

A: 喂，您好！我是木村。

B: 您好，木村先生。我是韩国大使馆的金哲秀。

请问，田中先生在吗？

A: 不在。

B: 那他回来以后，请您＿＿＿＿＿＿他给我＿＿＿＿＿＿，好吗？

A: 好。您的＿＿＿＿＿＿是多少？

B: 5321916，＿＿＿＿＿＿是875。

A: 好吧，田中先生回来，我一定＿＿＿＿＿＿。

B: 谢谢您了。再见！

A: 再见！

3 다음 문장의 잘못된 곳을 찾아 바르게 고치세요.

(1) 我韩国贸易公司的职员。

→ ＿＿＿＿＿＿＿＿＿＿＿＿＿＿＿

(2) 如果你明天不去, 就请我来个电话。

→ ＿＿＿＿＿＿＿＿＿＿＿＿＿＿＿

(3) 我给老师打了电话两次。

→ ＿＿＿＿＿＿＿＿＿＿＿＿＿＿＿

(4) 我明天要去张先生。

→ ＿＿＿＿＿＿＿＿＿＿＿＿＿＿＿

(5) 我去过中国三次。

→ ＿＿＿＿＿＿＿＿＿＿＿＿＿＿＿

4_ 다음 우리말을 중국어로 옮기세요.

(1) 무슨 일 있으십니까?

→ ________________________

(2) 당신 집에 두 번이나 전화를 걸었는데, 받는 사람이 없었습니다.

→ ________________________

(3) 그쪽에 직통전화가 있나요?

→ ________________________

(4) 그가 돌아오면 제가 바로 알려드리겠습니다.

→ ________________________

(5) 실례하지만, 어디신가요?

→ ________________________

5_ 다음 단문을 읽고 물음에 답하세요. 🔘 15

> 今天韩国大使馆的金先生给日本大使馆的田中先生打了两次电话，他都不在。所以金先生就给铃木先生打了电话，让铃木先生转告田中先生，韩国大使馆的参赞希望下星期一上午十一点半会见木村参赞。

(1) 金先生给田中先生打了几次电话？ → ________________________

(2) 韩国大使馆的参赞想会见谁？ → ________________________

(3) 韩国大使馆的参赞想什么时候会见？ → ________________________

同 tóng	丨 冂 冂 同 同 同
转 zhuǎn	一 土 车 车 车 转 转
占 zhàn	丨 卜 卜 占 占
线 xiàn	乂 乂 乡 纟 纟 纟 线 线 线
接 jiē	一 十 扌 扩 扩 护 护 护 接 接 接
如 rú	乂 夊 女 如 如 如
果 guǒ	丨 冂 冂 日 旦 甲 甲 果 果
直 zhí	一 十 广 古 古 古 直 直
拨 bō	一 十 扌 扩 扩 护 拨 拨
码 mǎ	一 丆 丆 石 石 码 码 码

4 请假。

Qǐng jià.

CHECK-up POINT

1_ 동량사 下
2_ 이합사(离合词)
3_ 부사 就
4_ 打个电话
5_ 피동문(被动句)

WARMING-UP

자주 틀리는 표현 ④ : 순서가 반대인 단어

중국어는 한국어와 완전히 같은 한자를 쓰면서도 순서만 반대인 단어도 있습니다. 이런 단어들 때문에 한국의 중국어 학습자들이 한국어 순서대로 중국어를 말해버리는 실수를 범하곤 하지요. 비록 헷갈리겠지만 이런 단어들도 발견하는 대로 외우도록 합시다.

뜻	한국어	중국어
소개	绍介	介绍
탐정	探侦	侦探
응답	应答	答应
요강	要纲	纲要

🔘 16

丁参赞和李先生在办公室里谈话

丁参赞　　李先生，日本大使馆的木村参赞是下星期一来拜会吧？

李先生　　是，下星期一上午十点半。

丁参赞　　哦！那天的中文课，我又不能上了。

　　　　　我还没跟王老师请假呢！

李先生　　要不要我帮您请一下儿假？

NEW WORDS

课 kè 몡 수업	又 yòu 붭 또	能 néng 조동 …할 수 있다.
上课 shàngkè 동 수업을 하다. 수업에 출석하다.		请假 qǐngjià 동 휴가를 내다
假 jià 몡 휴가, 휴식	帮(助) bāng(zhù) 동 돕다	
一下儿 yíxiàr 수량 한번(동작의 횟수를 헤아리는 양사)		

🔘 17

丁参赞　好。谢谢你，你现在就给王老师打个电话吧。

李先生　可以。

　　　　王老师的手机号码是多少？

丁参赞　王老师给我的名片，被我忘在家里了。

　　　　我记不得了。

李先生　那我打语言文化中心，

　　　　问问王老师现在在不在。

丁参赞　谢谢。

手机 shǒujī 몡 휴대전화　　　　　　　　　**名片** míngpiàn 몡 명함

被 bèi 젠 …에 의해 …을 당하다　　　　　**忘** wàng 동 잊다

记得 jìde 동 기억하고 있다

18

李先生打语言文化中心电话找王老师

李先生　喂! 是语言文化中心吗?

秘　书　对。您是哪里?

李先生　我是韩国大使馆。

　　　　请问，王老师在吗?

秘　书　哪个王老师?

李先生　王平老师。

NEW WORDS

北京外交人员语言文化中心 Běijīng Wàijiāo Rényuán Yǔyán Wénhuà Zhōngxīn 북경
외교관 언어문화센터(영문명: Beijing Language and Culture Centre for Diplomatic Missions,
약칭LCC). 중국에 주재하고 있는 국제기구 직원, NGO, 각국 정부대표, 신문방송의 특파원, 중국주재
외국대사관 소속의 외교관 및 그 가족들에게 중국어와 중국문화를 가르치는 학교

19

秘　书　对不起。王平老师正在上课。

您有什么事，我可以转告。

李先生　好。下星期一上午，我们丁参赞有事儿，

不能上课。请您告诉她，好吗？

秘　书　没问题。我一定转告她。

李先生　麻烦您了。

谢谢。

秘书 mìshū 몡 비서　　　　　王平 Wáng Píng [인명] 왕핑

问题 wèntí 몡 문제　　　　　麻烦 máfan 동 성가시게 하다

문법해설

1 동량사 下

동작의 횟수를 나타내는 동량사로, 일반적으로 동사+수사+下(儿) 의 어순을 취하여, 문장 안에서 보어 역할을 한다. 특히 "一下"는 짧게 행해지는 단 한 번의 동작을 나타내며, 종종 "儿"을 덧붙이기도 한다.

문장 안에 목적어가 있을 경우에, 어순은 동사+수사+下(儿)+목적어 이다. 그리고 목적어가 대명사 혹은 사람을 가리키는 명사일 경우에는 동사+목적어+수사+下(儿) 의 어순을 취한다.

你先坐在那儿看一下儿汉语书。

你在那儿等我一下儿。

有时间来我家坐一下儿吧。

2 이합사(离合词)

2음절 이상의 형태소로 구성되어 있지만 구성요소 간의 결합력이 약하여 그 사이에 다른 성분을 삽입할 수 있는 단어를 이합사라고 한다. 중국어사전에서는 발음기호 사이에 "//"를 표기하거나 공백을 두어서 그 단어가 이합사임을 표시해 준다. 상용 이합사로는 "见面", "睡觉", "唱歌、跳舞、结婚" 등이 있다. 중간에 삽입할 수 있는 성분으로는 각종 조사, 보어, 수량사, 대명사+的 등이 있다.

我已经请过假了。

你今天已经洗过两次澡了。

下午我想去理个发。

3　부사　就

你现在就给王老师打个电话吧에서 이 때 "就"는 "곧, 금방"의 뜻으로, 아주 짧은 시간 안에 동작이 행해질 것임을 나타낸다.

天很快就亮了。

别着急他很快就来了。

你十分钟后就去找他吧！

4　打个电话

"전화 좀 걸다"라는 뜻으로, 주로 회화체에서 "个"는 동사와 목적어 사이에 위치하여 동사의 동작을 가벼운 기분으로 행한다는 느낌을 나타낸다.

昨天晚上我睡了个好觉。

真想痛痛快快地洗个热水澡。

她一个人躲在房间里哭了个痛快。

5　피동문(被动句)

주어가 동사의 동작이나 행위의 대상이 되어 피해를 입거나 손해를 당하게 되는 문장을 피동문이라고 하며, 주로 전치사 "被"를 써서 표현한다. "被"가 있는 문장은 피동자+被+주동자+동사+기타성분 의 어순을 따른다. 피동문에서 특히 주의해야 할 사항은 동사 뒤에 동태조사 "了、过" 혹은 보어나 목적어 등을 부가하여, 동작의 결과나 영향을 설명하여야 한다는 것이다. 또한 행위의 주체는 "被"의 뒤에 이어지지만, 때에 따라서는 생략되기도 한다.

名片被我忘在家里了。

孩子被电话铃声惊醒了。

刚买的电脑就被儿子摔坏了。

1_ 다음 단어를 바꾸어서 연습해 보세요.

(1) <u>今天的中文课</u>，我 又 <u>不能上了</u>。

明天的旅游	不能参加了
他的名片	忘在家里了
这个星期六	不能休息了

(2) 要不要 <u>我帮您请</u> 一下儿 <u>假</u>？

我帮您修理	自行车
让小王明天买	菜
我来介绍	我们公司

(3) <u>王老师</u> 给我的 <u>名片</u>，被 <u>我忘在家里了</u>。

朴先生	汉语书	丢了
妈妈	苹果	弟弟吃了
参赞	中国酒	朋友喝了

参加 cānjiā 동 참가하다
修理 xiūlǐ 동 수리하다
丢 diū 동 잃다

2_ 다음 보기에서 알맞은 단어를 찾아 빈칸에 써보세요.

보기 跟 从 为 给 被

(1) 他是昨天__________上海回来的。

(2) 他去看朋友了，你为什么没__________他一起去？

(3) 前天晚上，他们在我这儿吃的晚饭，

我__________他们做了中餐。

(4) 名片__________我忘在家里了。

(5) 老师天天__________孩子们准备好学习用的东西。

3 다음 문장의 잘못된 곳을 찾아 바르게 고치세요.

(1) 他昨天只睡觉了四个小时。

→

(2) 我明天想见面丁参赞。

→

(3) 你先在办公室看书一下儿。

→

(4) 朋友送我的酒被弟弟喝。

→

(5) 放在餐桌上的水喝了。

→

4 다음 우리말을 중국어로 옮기세요.

(1) 제가 전화를 해서 그가 지금 있는지 없는지 물어보겠습니다.

→

(2) 그의 핸드폰 번호는 몇 번입니까?

→

(3) 왕선생님은 수업중입니다.

→

(4) 실례했습니다.

→ _______________________________

(5) 다음 주 월요일 오전에 그는 사정이 있어서 수업을 못합니다.

→ _______________________________

5　다음 단문을 읽고 물음에 답하세요. 🔘 20

> 　　丁先生从韩国来北京以后，为了工作方便，他跟王老师学习中文，他一个星期学习三个小时。星期一、三、五上午九点到十点是他学习中文的时间。他在大使馆学习。上课的时候，他不接电话。他去外地的时候，先跟王老师请假，告诉王老师什么时候回来，什么时候上课。丁先生刚学习半年，他已经可以说不少中国话了。他常常跟中国人说汉语。学了就用，能学得不快吗？

(1) 丁先生为什么学习中文？　→ _____________________

(2) 他一个星期学习几天？　→ _____________________

(3) 他去外地办事的时候，上不上中文课？　→ _____________________

(4) 丁先生的中文为什么学得快？　→ _____________________

假 jià	ノ イ 化 仉 们 仴 伊 侽 假 假	假 假 假 假 假
又 yòu	フ 又	又 又 又 又 又
课 kè	丶 讠 讠 讶 讲 讲 课 课	课 课 课 课 课
帮 bāng	一 二 三 丰 丑 邦 邦 帮 帮	帮 帮 帮 帮 帮
助 zhù	丨 冂 日 目 且 助 助	助 助 助 助 助
名 míng	ノ ク 夕 夕 名 名	名 名 名 名 名
片 piàn	ノ 丿 广 片	片 片 片 片 片
被 bèi	丶 ラ 才 衤 衤 礻 衬 衬 被 被	被 被 被 被 被
忘 wàng	丶 亠 亡 产 忘 忘 忘	忘 忘 忘 忘 忘
麻 má	丶 亠 广 广 庐 庐 庍 庍 庥 麻 麻	麻 麻 麻 麻 麻

중국 최고 대학인 북경대학교의 캠퍼스입니다.

북경대 안에 있는
미명호(未名湖 Wèimíng Hú)라는
호수

5 您看着安排吧。

Nín kànzhe ānpái ba.

CHECK-up POINT
1_ 中餐의 의미
2_ 선택의문문의 还是
3_ 就一位
4_ 가능보어

WARMING-UP

자주 틀리는 표현 ⑤ : 순서가 다른 사자성어(四字成语)

단어만 뒤집어지는 것이 아니라, 역사가 있고 유래도 분명한 사자성어조차 한국과 중국에서 서로 순서를 달리하는 경우가 종종 발생합니다. 물론 의미에는 큰 차이가 없지만 말입니다. 미묘하게 순서를 달리하는 이런 사자성어가 앞 뒤 글자의 순서만 달라진 2음절 단어보다 학습자들을 더 헷갈리게 할 수 있습니다.

한국에서는 흔히 어진 어머니이자 착한 아내라는 뜻으로 "현모양처(賢母良妻)"란 사자성어를 쓰지만 중국인들은 같은 표현을 "贤妻良母(xiánqī liángmǔ: 현처양모)"라고 합니다. 어진 어머니이자 착한 아내(한국)와 어진 아내와 착한 어머니(중국) 사이에 무슨 대단한 차이가 있겠습니까? 굳이 따지자면 어머니와 부인 중 그래도 먼저 등장하는 역할이 그 사회에서 더 강조되리라는 추측은 할 수 있겠습니다.

여담이지만 같은 한자문화권인 일본에서는 "良妻贤母(liángqī xiánmǔ: 양처현모)"라고 씁니다. 알고 보니 더 헷갈린다고요?

🔘 21

服务局派来的赵师傅正和金哲秀打招呼

厨　师　　请问，这是金哲秀先生家吗？

金哲秀　　是，请进！

厨　师　　您是金先生吗？

金哲秀　　对。您是⋯⋯

厨　师　　我姓赵，是服务局派来的厨师。

NEW **W**ORDS

派 pài ⑧ 파견하다　　　厨师 chúshī ⑲ 요리사　　　赵 Zhào ⑲ 중국 사람의 성(姓), 자오

服务局(北京外交人员服务局) Fúwùjú (Běijīng Wàijiāo Rényuán Fúwùjú) ⑲ 북경외교관 서비스센터. 중국 외교부(우리나라의 외교통상부에 해당)에 소속된 정부기관. 중국에 주재하고 있는 국제기구 직원, NGO, 각국 정부대표, 신문방송의 특파원, 중국주재 외국대사관 소속의 외교관 및 그 가족들에게 중국에서의 생활, 중국어 학습, 거주지 등에 대한 정보 제공과 지원 활동을 주로 한다.

🎧 **22**

| 金哲秀 | 欢迎！欢迎！ |
| | |

赵师傅，您是做中餐的还是做西餐的？

| 厨　师 | 中餐、西餐我都会做。 |

| 金哲秀 | 那太好了！ |

中餐、西餐我都喜欢。

| 厨　师 | 金先生，我每天做三顿饭还是做两顿饭？ |

| 金哲秀 | 您做早饭和晚饭， |

午饭我在外面吃。

欢迎 huānyíng ⑧ 환영하다	**中餐** zhōngcān ⑲ 중국요리
西餐 xīcān ⑲ 양식	**每天** měitiān ⑲·⑨ 매일
天 tiān ⑲ 날	**顿** dùn ⑱ 끼. 끼니(식사 등의 횟수를 세는 양사)
早饭 zǎofàn ⑲ 아침식사	**晚饭** wǎnfàn ⑲ 저녁식사
午饭 wǔfàn ⑲ 점심식사	**外面** wàimiàn ⑲ 바깥. 밖

23

厨　师　行。我什么时候开始上班？

金哲秀　明天您来得了吗？如果您来得了，

　　　　我想明天请我的朋友吃饭。

厨　师　来得了。

　　　　请客的东西都准备好了吗？

金哲秀　还没有。我今天事儿比较多，出不去。

　　　　明天一早我去买来。

厨　师　好。您请几位客人？

金哲秀　就一位，是我的好朋友。

New Words

开始 kāishǐ 몡·동 시작(하다)　　　　了 liǎo 동 끝내다, 마치다

请客 qǐng/kè 동 (손님을) 초대하다. 한턱 내다

一早 yìzǎo 몡 이른 아침. 구어체에서는 "一大早儿 yídàzǎor"이라고 하기도 한다.

客人 kèrén 몡 손님

24

厨　师	您的厨房能用吗？
金哲秀	没问题，我每天都在用。
厨　师	明天你们准备吃中餐还是吃西餐？
金哲秀	吃中餐吧，我喜欢吃米饭。
厨　师	吃什么菜呢？
金哲秀	我还没想好，等买了菜，您看着安排吧。
厨　师	好，就这么办。

厨房 chúfáng 명 주방　　米饭 mǐfàn 명 쌀밥　　这么 zhème 대 이렇게

문법해설

1 **中餐의 의미**

"中餐"은 "西餐"(서양요리)에 상대되는 말로, "중국요리"를 의미한다. 간혹 점심식사로 착각하는 사람이 있는데, 점심은 "午饭" 혹은 "午餐"이라고 한다.

2 **선택의문문의 还是**

둘 혹은 둘 이상의 제안을 A+还是+B(+还是+C) 형식으로 나열하여 상대방에게 제시된 항목 중 하나를 선택하도록 요구하는 의문문이다. 이 때 비록 "是"를 포함하는 문장이라고 하더라도 "还是"의 다음에는 다시 "是"를 반복하지 않는다는 점에 주의하자.

他是学生还是老师？(〇)

他是学生还是是老师？(×)

3 **就一位**

이 문장은 "오직 한 분", "한 분 뿐"이라는 뜻으로, 이 때 "就"는 의미적으로 "只(有)"와 흡사하며, 다른 단어들보다 좀더 강하게 발음하여야 한다.

书架上就(有)这么几本书。

4 **가능보어**

가능보어란 동사 뒤에 놓여 동작이 어떤 결과나 상황에 도달할 수 있는지 없는지를 보충 설명하는 보어를 가리킨다. 동사와 보어 사이에는 반드시 "得"가 있어야 하며, 부정형식은 "得" 대신 "不"를 쓰면 된다.

가능보어로 사용되는 "了 liǎo"는 동사+得/不+了 의 어순으로 쓰여서 동사의 동작을 양적으로 완료할 수 있음을 나타낸다. 그리고 정반의문문의 어순은 동사+得+了+동사+不+了 이다.

那件事，我一个人调查得了。

这个蛋糕太大，我们俩吃不了。

연습문제

1 다음 단어를 바꾸어서 연습해 보세요.

(1) 我 姓 **赵**，是 **服务局** 派来的 **厨师**。

王	文化中心	老师
李	韩国大使馆	翻译
张	中国	代表

(2) 如果 **您** 能 **来**，我想 **中午请我的朋友吃饭**。

他	翻译	请他给我翻译一下儿
他	去	让他也给我的朋友买一个
您	做中餐	我们还是吃中餐

(3) **我今天事儿** 比较 多，**出** 不 **去**。

他包里东西	放	下
你们的教室人	进	去
今天作业	做	完

> 翻译 fānyì 명 통역자. 번역자
>
> 教室 jiàoshì 명 교실

2 다음 보기에서 알맞은 단어를 찾아 빈칸에 써보세요.

> **보기** 再 一下儿 一点儿 还是 哪 的 几

A: 赵师傅，明天晚上我想请几位朋友吃饭，您准备__________吧。

B: 可以。请__________位客人？__________点开始吃饭？

A: 六位。七点吃饭，怎么样？

B: 他们都是__________国人？有没有穆斯林？

A: 有中国人，也有外国人，没有穆斯林。

B: 你们吃中餐__________吃西餐？

> 穆斯林 Mùsīlín 명 회교도

A: 吃中餐吧，他们都想尝尝您做的中餐呢。

B: 要不要做＿＿＿＿＿＿饺子？

A: 做点儿吧，＿＿＿＿＿＿做几个广东菜。

B: 喝＿＿＿＿＿＿要准备哪些？

A: 有茶和啤酒就行了。

B: 好。我去准备了。

3　다음 문장의 잘못된 곳을 찾아 바르게 고치세요.

(1) 他李先生还是张先生？

→ ＿＿＿＿＿＿＿＿＿＿＿＿＿＿＿＿＿＿＿＿＿

(2) 朴先生去还是金先生？

→ ＿＿＿＿＿＿＿＿＿＿＿＿＿＿＿＿＿＿＿＿＿

(3) 你明天来得了不了？

→ ＿＿＿＿＿＿＿＿＿＿＿＿＿＿＿＿＿＿＿＿＿

(4) 今天的工作没做完，不出去。

→ ＿＿＿＿＿＿＿＿＿＿＿＿＿＿＿＿＿＿＿＿＿

(5) 等买菜，您看着安排吧。

→ ＿＿＿＿＿＿＿＿＿＿＿＿＿＿＿＿＿＿＿＿＿

4　다음 우리말을 중국어로 옮기세요.

(1) 당신이 김 선생님이신가요?

→ ＿＿＿＿＿＿＿＿＿＿＿＿＿＿＿＿＿＿＿＿＿

(2) 중식, 양식 다 만들 줄 압니다.

→ ________________________________

(3) 손님 초대할 물건은 다 준비되었습니까?

→ ________________________________

(4) 저는 매일 세 끼 먹습니다.

→ ________________________________

(5) 당신이 알아서 준비하세요.

→ ________________________________

5 다음 단문을 읽고 물음에 답하세요. 🎧 25

> 我家有一个厨师，姓赵，是服务局派来的。赵师傅会做中餐也会做西餐。中餐和西餐我都很喜欢。每天的午饭，我在外面吃，早饭和晚饭赵师傅给我做。
>
> 有一次，我请我的朋友吃午饭，我告诉赵师傅，等我们买来菜以后，看着安排。赵师傅说，没问题。

(1) 我家的厨师姓什么？是哪里派来的？ → ________________________________

(2) 我家的厨师会不会做韩餐？ → ________________________________

(3) 我在家里吃几顿饭？ → ________________________________

(4) 我想请谁吃午饭？ → ________________________________

厨 chú	ノ 厂 厃 厈 厈 戽 戽 戽 厨 厨 厨 厨 厨
派 pài	丶 丶 氵 汈 汈 沢 沢 派 派 派
迎 yíng	丶 卬 卬 迎 迎 迎 迎
餐 cān	丶 ト ヤ ゟ ゟ 夘 夘 夘 夗 癸 癸 餐 餐 餐 餐 餐
每 měi	ノ ゲ 乍 每 每 每 每
顿 dùn	一 匚 中 屯 扣 扣 扣 顿 顿 顿
饭 fàn	ノ 々 饣 饣 饭 饭 饭
始 shǐ	ㄑ 女 女 奶 奵 始 始 始
房 fáng	丶 丿 户 户 户 户 房 房
米 mǐ	一 丷 米 米 米 米

1   **好의 부사적 용법**   "多" 혹은 "几" 등의 앞에 쓰여서 이어지는 단어의 의미를 강조한다.

我吃了好几个。

2   **양사 些의 용법**   불명확한 복수의 수(数)나 양(量)을 나타낸다.

你们访问了哪些地方？

3   **상태의 지속을 나타내는 着**

❶ 긍정문의 어순

   동사+着+(목적어)+(呢)   医院门还开着呢。

❷ 정반의문문의 어순

   동사+着+没+동사+着   医院门开着没开着？

   동사+着+……+没有(문미)   医院门开着没有？

4   **给의 전치사 용법**   물건을 받는 사람이나 동작의 대상을 이끄는 역할을 한다.

   어순 | 주어+给+명사(대명사)+동사

我给你打电话。

5   **조동사 可以의 용법**

❶ 가능 : 대답의 부정형은 "不可以"가 아니라 "不能"이나 "不行"을 쓴다.

   A : 你可以做二十个人的晚饭吗？

   B : 可以。

❷ 허가 : 대답의 부정형으로 "不可以"도 사용할 수 있다.

   如果你忙，不去也可以。

6   **동사의 중첩**   동작에 소요되는 시간이 짧다거나 동작을 행하는 횟수가 적음을 나타낸다. 이때 두 번째 음절은 거의 경성처럼 발음한다.

我得问问她。

7　동량사(动量词)

❶ 次 : 반복하여 등장하는 동작을 헤아린다.　我打了两次电话了。

❷ 下 : 동작의 횟수를 헤아린다. 대게 "er"화하여 "下儿"로 발음한다.

어순 | 동사+수사+下(儿)+(목적어)

你先坐在那儿看一下儿汉语书。

목적어가 사람일 경우의 어순 | 동사+목적어+수사+下(儿)

你在那儿等我一下儿。

8　장소를 지칭하는 방법

인칭대명사(명사)+这儿(那儿)　他们那儿有三十台最新型号的电脑。

9　이합사(离合词) 구성요소 간의 결합력이 약하여 그 사이에 다른 성분을 삽입할 수 있는 단어이다. 대부분의 사전에는 발음기호 사이에 "∥"를 표기하거나 공백을 두어서 그 단어가 이합사임을 표시해주고 있다.

我已经请过假了。

10　피동문(被动句)　주어가 동사의 동작이나 행위의 대상이 되어 피해를 입거나 손해를 당하게 되는 문장으로, 주로 전치사 "被"를 써서 표현한다.

孩子被电话铃声惊醒了。

11　선택의문문의 还是　제시된 항목 중 하나를 선택하도록 요구하는 의문문이다.

어순 | A+还是+B(+还是+C)　他是学生还是老师?

12　가능보어　동사 뒤에 놓여 동작이 어떤 결과나 상황에 도달할 수 있는지 없는지를 보충 설명하는 보어를 가리킨다.

❶ 어순 | 동사+得+不+보어

❷ 了liǎo를 포함하는 가능보어 : 那件事, 我一个人调查得了。

6 去买菜。

Qù mǎi cài.

CHECK-up POINT

1_ 有…了
2_ 农贸市场의 의미
3_ 범위를 한정하는 就是
4_ 연동문(连动句)
5_ 상태동사 喜欢
6_ 이중목적어를 취하는 동사

WARMING-UP

자주 틀리는 표현 ⑥ : 글자가 다른 사자성어(四字成语)

"사물을 자세히 살피지 않고 겉만 대충 보고 지나가는 모습"을 "走马看山(주마간산)"이라고 합니다. 중국어라고 해서 이 성어가 특별히 다를 리가 없다고 생각하는 사람이 있다면, 천만의 말씀. 중국에서는 미묘하게 한 글자 다른 사자성어 "走马看花(zǒu mǎ \kàn huā)"가 통용되고 있답니다.

"말을 타고 달리면서 산과 들을 구경하고 지나가다(走马看山)"(한국)든 아니면 "말 달리면서 꽃구경하다(走马看花)"(중국)든 그 의미로만 보면 서로 오십보백보이기는 하지만, "대충"의 정도라는 측면에서 따진다면 중국어 쪽이 훨씬 더 과장되었다고 하겠습니다. 어느 나라의 표현이 옳고 그르고의 문제가 아니라 표현기교의 차이로 받아들여야겠지요. 비록 공부할 때 헷갈리기는 하지만요.

참고로 중국에서는 간혹 "看"까지 바꾸어서 "走马观花(zǒumǎ guānhuā)"로 표현하기도 한답니다.

🔊 26

金哲秀和朴东和见面聊天儿

金哲秀　东和，我有厨师了，我要请客，你今天得跟我去买菜。

朴东和　好啊！你想去哪儿买？

金哲秀　去农贸市场买。

朴东和　现在就去吗？

金哲秀　对，现在就去。

朴东和　去哪个农贸市场，离这儿远吗？

金哲秀　不远，就是我常跟你说的

　　　　那个农贸市场。

朴东和　那我们走着去吧。

NEW WORDS

农贸市场 nóngmào shìchǎng 몡 농산물 자유시장　　市场 shìchǎng 몡 시장

27

在农贸市场

朴东和　哦！这个农贸市场真不小啊！你常来这儿吗？

金哲秀　我常来。这儿卖菜的很多，买菜的也不少。

　　　　这儿的菜都特别新鲜。

朴东和　现在你有厨师了，

　　　　以后就不用自己买菜了。

金哲秀　那不一定，我很喜欢自己买菜。

卖 mài 동 (물건 등을) 팔다　　**特别** tèbié 부 특별히　　**新鲜** xīnxiān 형 신선하다

🔊 28

朴东和	哲秀，你看，那儿的蔬菜好像不错。
金哲秀	走！我们过去看看。
金哲秀	这胡萝卜怎么卖？
卖菜的	七毛钱一斤。
金哲秀	能便宜点儿吗？
卖菜的	您要多少？
金哲秀	我要一公斤。

New Words

| 蔬菜 shūcài 몡 야채, 채소 | 好像 hǎoxiàng 동 마치 …같다 | 胡罗卜 húluóbo 몡 당근 |
| 斤 jīn 양 근(1斤=500g) | 公斤 gōngjīn 양 킬로그램(kg) | |

卖菜的	一公斤，您给一块二，怎么样。
金哲秀	好吧，再要一块钱的土豆，要大的。
卖菜的	土豆一块钱三斤。还要别的吗？
金哲秀	不要了。一共多少钱？
卖菜的	一公斤胡萝卜一块二， 还有一块钱的土豆儿，一共两块二。
金哲秀	好，给你钱。
卖菜的	您这是五块， 找您两块八。

土豆 tǔdòu 〔명〕 감자　　　　　一共 yígòng 〔부〕 전부, 모두

1 有…了

이전에 없던 상태 혹은 상황이 발생하였거나 기존의 상황에 새로운 변화가 나타났음을 표현한다.

今天我有厨师了。

我母亲有病了。

2 农贸市场의 의미

농산물 자유시장 중국에서 영업허가증(营业执照 yíngyè zhízhào)을 가진 농민이 지정된 장소에서 자신이 경작한 농작물을 자유롭게 판매하는 시장이다.

3 범위를 한정하는 就是

명사(구) 혹은 동사(구)의 앞에서 "就是"는 의미의 범위를 한정하고 다른 요소를 배제하는 역할을 한다. 이 때 "就是"는 "다름이 아니라 바로 …이다", "…뿐이다" 정도로 옮길 수 있다.

就是我常跟你说的那个农贸市场。

我们家就是这一间房子。

4 연동문(连动句)

둘 혹은 둘 이상의 동사(구)가 술어를 구성하고 있고, 전체 동사(구)가 동일한 주어의 지배를 받을 때, 이를 연동문이라고 한다. 전형적인 어순은 주어+동사1+목적어1+동사2+목적어2…… 이며, 동사1과 동사2의 의미 관계에 따라서 여러 가지 유형으로 분류할 수 있다.

我去机场接朋友。

我有事不能参加。

我们吃了晚饭散步去吧。

5 상태동사 喜欢

사람이나 동물의 정신 상태 혹은 심리 상태를 표시하는 동사를 상태동사라고 하며, 이에 속하는 동사는 다른 동사와 달리 "很、特别、十分"과 같이 정도부사의 수식을 받을 수 있다.

我很喜欢自己买菜。

我特别讨厌他撒慌。

6 이중목적어를 취하는 동사

동사 중에는 두 개의 목적어를 취하는 동사(给 gěi, 教 jiāo, 送 sòng, 告诉 gàosu, 叫 jiào 등)가 있다.

请告诉他们别等了。

"找"는 "찾다, 만나다"는 뜻으로 쓰일 때에는 목적어를 하나만 취하지만, "잔돈을 거슬러주다"는 의미로 쓰일 경우에는 두 개의 목적어를 취하게 된다.

我找你三千元。

1 다음 단어를 바꾸어서 연습해 보세요.

(1) 就 是 <u>我常跟你说</u> 的 那 <u>个农贸市场</u>。

昨天你看见	位朋友
上星期去	个饭馆儿
他来北京	一年

(2) <u>这儿卖菜的</u> 很多，<u>买菜的</u> 也 不少。

他认识的人	知道的地方
张先生衣服	鞋
他读的报纸	读的杂志

(3) <u>那儿的蔬菜</u> 好像 <u>不错</u>。

小孩儿	生病了
我们	迷路了
老师	生气了

杂志 zázhì 몡 잡지
迷路 mílù 동 길을 잃다

2 다음 보기에서 알맞은 단어를 찾아 빈칸에 써보세요.

보기 还是　着　过　怎么　过去

(1) 司机今天很忙，那个地方又不远，咱们 __________ 自己去吧。

(2) 这儿的西红柿很新鲜，我买两斤，__________ 卖？

(3) 他们今天都去八达岭长城了，你 __________ 没去？

(4) 明天我请的客人是三个国家的，

他们的习惯都不一样，__________ 吃中餐吧，

这样大家都喜欢。

(5) 那边为什么那么多人？咱们也 ＿＿＿＿＿＿ 看看。

(6) 我们没坐车，也没骑车，
是走 ＿＿＿＿＿＿ 去友谊商店的。

(7) 我以前去 ＿＿＿＿＿＿ 广州，没去 ＿＿＿＿＿＿ 西安。

3 다음 문장의 잘못된 곳을 찾아 바르게 고치세요.

(1) 我们吃饭去饭馆儿。

→ ＿＿＿＿＿＿＿＿＿＿＿＿＿＿＿＿＿＿

(2) 张先生昨天说的人就他。

→ ＿＿＿＿＿＿＿＿＿＿＿＿＿＿＿＿＿＿

(3) 他们接朋友去机场了。

→ ＿＿＿＿＿＿＿＿＿＿＿＿＿＿＿＿＿＿

(4) 她告诉一件事男朋友。

→ ＿＿＿＿＿＿＿＿＿＿＿＿＿＿＿＿＿＿

(5) 王老师教汉语我。

→ ＿＿＿＿＿＿＿＿＿＿＿＿＿＿＿＿＿＿

4 다음 우리말을 중국어로 옮기세요.

(1) 이제 요리사가 있으니, 앞으로는 당신이 직접 장을 볼 필요가 없겠네요.

→ ＿＿＿＿＿＿＿＿＿＿＿＿＿＿＿＿＿＿

(2) 저쪽의 채소가 괜찮은 것 같은데요.

→ ____

(3) 지금 바로 갑시다.

→ ____

(4) 큰 것으로 할래요.

→ ____

(5) 좀 싸게 됩니까?

→ ____

5　다음 단문을 읽고 물음에 답하세요. 🔘 30

　　　离金哲秀家不远的地方有一个农贸市场。那个农贸市场很大，有卖菜的，也有卖别的东西的。

　　　金哲秀常去那个农贸市场，有时候是去买菜，有时候是去那儿看看，因为从他家去那儿很近，用不着坐车或骑自行车。那儿卖的菜又多又新鲜，也很便宜。特别是快下班的时候，能买到更便宜的菜。

(1) 农贸市场离金哲秀家远不远？ → ________________________________

(2) 那个农贸市场都卖哪些东西？ → ________________________________

(3) 金哲秀为什么常去农贸市场？ → ________________________________

(4) 什么时候在农贸市场买菜会更便宜呢？ → ________________________

农 nóng	丶 一 冖 农 农 农	农 农 农 农 农
贸 mào	丿 丶 丘 冈 纫 纫 纫 贸 贸 贸	贸 贸 贸 贸 贸
市 shì	丶 亠 广 市 市	市 市 市 市 市
场 chǎng	一 十 土 圹 圽 场 场	场 场 场 场 场
卖 mài	一 十 士 击 卖 卖 卖 卖	卖 卖 卖 卖 卖
特 tè	丿 ⺧ ⺧ 牛 牛 牛 牜 特 特 特	特 特 特 特 特
新 xīn	丶 亠 六 亡 立 立 辛 辛 亲 亲 新 新 新	新 新 新 新 新
鲜 xiān	丿 ク 夕 夕 刍 刍 刍 鱼 鱼 鱼 鱼 鲜 鲜 鲜 鲜	鲜 鲜 鲜 鲜 鲜
像 xiàng	丿 亻 亻 伫 伫 伈 倌 傍 傍 像 像 像	像 像 像 像 像
萝 luó	一 丷 艾 艾 劳 劳 茜 茜 萝 萝 萝	萝 萝 萝 萝 萝

挂号处
急诊室
EMERGENCY
挂专家号还是普通号？
饭后吃，一天三次，一次两片。
我挂一个皮肤科！
这药饭前吃还是饭后吃？
急诊室在哪儿？

7

我喜欢老式家具。

Wǒ xǐhuan lǎoshì jiāju.

CHECK-up POINT

1_ 복합방향보어와 목적어의 위치

2_ 동태조사 过

3_ 단음절 형용사의 중첩

4_ 겸어문(兼语句)

5_ 谁说没来

WARMING-UP

의미의 미묘한 차이 구별 ① : "肥"와 "胖"

흥미롭게도 중국어에는 "뚱뚱하다"를 뜻하는 형용사가 두 개 있습니다. "肥"와 "胖"이 바로 그것인데, 이 두 형용사의 차이에 주의하여야 합니다. "肥"는 동물에게, "胖"은 사람에게 쓰기 때문이죠. 혹시라도 소나 돼지 등의 살찐 동물에게 써야 할 "肥"를 사람에게 사용하는 실수가 없도록 두 단어를 명확하게 구분하여 기억합시다. 그렇다고 해서 "胖"을 써도 된다는 뜻은 아닙니다만……

"肥"를 만약 사람에게 쓴다면, 사람의 몸에 붙어있는 "불필요한 살덩이", "지방"을 뜻하게 된다는 점도 꼭 기억해 둡시다. 이런 이유로 "다이어트"를 중국어로는 "减肥"라고 한답니다. 사람에게 불필요한 살덩이를 없애는 것이 바로 다이어트라는 발상에서 나온 단어이겠죠.

🔘 31

在金哲秀的家里

金哲秀　朴东和，这位就是新来的厨师赵师傅。

朴东和　您好！赵师傅。

金哲秀　赵师傅，这位是我的朋友朴东和。

赵师傅　您好！朴先生。哦！你们买回来这么多菜！

金哲秀　是啊！如果不是朴先生帮我拿回家来，

我自己还拿不了呢。

这菜先放到厨房吧。

赵师傅　好，给我吧。

你们先去客厅休息一下儿。

NEW **W**ORDS

新 xīn 〔형〕 새롭다	放 fàng 〔동〕 놓다. 두다. (총, 대포 등을) 발사하다. 자유롭게 하다
客厅 kètīng 〔명〕 응접실	

84

在客厅

朴东和　　这些家具都是新买的吧？

　　　　我以前好像没见过。

金哲秀　　是昨天刚买回来的，你看，还没好好儿安排呢。

朴东和　　还都是老式的呢，真不错！

金哲秀　　对。我很喜欢老式家具。

朴东和　　我也喜欢，特别是中国的老式家具。

金哲秀　　你想买吗？我可以陪你去。

老式 lǎoshì 몡·혱 구식(의). 고풍(의)	老 lǎo 혱 나이 들다. 오래되다
式 shì 몡 양식. 스타일	家具 jiāju 몡 가구

🔘 33

朴东和	以后再说吧。
	这柜子你想放在哪儿？
金哲秀	我想放在卧室里，床的旁边，
	这样拿东西比较方便。
朴东和	你还买了这么多椅子？
金哲秀	是啊！我看这些椅子很漂亮，
	另外请客的时候也得用。
朴东和	这些椅子你想放在哪儿呢？

NEW WORDS

柜子 guìzi 몡 장롱, 캐비닛	卧室 wòshì 몡 침실
床 chuáng 몡 침대	旁边 pángbiān 몡 옆
椅子 yǐzi 몡 의자	另外 lìngwài 몡 그밖에, 달리

34

金哲秀　我还没想好，

你看先放在那张桌子两边儿怎么样？

桌子就放在窗户对面。

朴东和　我看这样安排不错。有这些家具，客厅就更像个客厅了。

哲秀，客人怎么还没来？

金哲秀　谁说没来，早就来了。

朴东和　在哪儿？

金哲秀　客人不是别人，

就是你！

朴东和　哦！是这样啊！

张 zhāng 양 종이나 가죽과 같이 넓고 평평한 것을 헤아리는 양사

桌子 zhuōzi 명 탁자, 책상　　　　　　　　　边 biān 명 …쪽, …측

窗户 chuānghu 명 창　　　　　　　　　　对面 duìmiàn 명 맞은편

문법해설

1 복합방향보어와 목적어의 위치

단순방향보어가 "来" 혹은 "去"와 결합한 것을 "복합방향보어"라고 한다. 다만 "起"와 "开"만은 "去"와 결합하지 않는다는 점에 주의하자.

복합방향보어의 종류

	上	下	进	出	回	过	起	开	到
来	上来	下来	进来	出来	回来	过来	起来	开来	到…来
去	上去	下去	进去	出去	回去	过去			到…去

복합방향보어를 포함하는 문장의 목적어가 장소를 의미하는 경우, 목적어는 복합방향보어의 중간에 위치하게 된다.

王老师走进教室来了。

장소 이외의 목적어는 복합방향보어의 뒤에 올 수도 있고, 중간에 올 수도 있다.

家里走出几个人来。

家里走出来几个人。

2 동태조사 过

동사의 뒤에 쓰여서 예전에 그러한 일을 한 경험이 있음을 나타낸다.

我以前好像没见过。

我们曾经谈过这个问题。

동사의 뒤에 쓰여서 동사의 동작을 끝까지 실행하였음을 나타내기도 한다.

洗过澡再吃饭。

부정은 동사 앞에 "没"를 써서 만든다.

我以前没见过她。

3 단음절 형용사의 중첩

형용사를 중첩하면 문법적으로 부사와 동일한 역할을 하며, 원래 형용사가 가지고 있던 의미를 더욱 강조하게 된다. 베이징지역의 구어체에서는 중첩된 형용사의 두 번째 음절이 제1성으로 소리나면서 뒤에 "儿"을 덧붙이기도 한다.

단음절 형용사의 중첩형식과 발음변화

	A→AA	A→AAJL
好(A)	好好	好好儿
hǎo	hǎohǎo	hǎohāor

我们要好好儿学习中文。

4 겸어문(兼语句)

두 개의 동사(구)가 술어를 구성하고 있고, 첫 번째 동사의 목적어가 의미적으로 두 번째 동사의 주어 역할을 하는 문장을 "겸어문"이라고 한다.

我可以陪你去。

我们请他做报告。

5 谁说没来

이 문장은 "누가 오지 않았데!"라는 뜻으로, "谁说没来"는 반어문의 일종이다. 이는 상대방의 의견이나 판단을 강력하게 부정할 때 주로 쓰이며, 반박의 의미를 내포하는 경우도 있다.

谁说今天有雨?

－ 你看肯定是个晴天。

연습문제

1_ 다음 단어를 바꾸어서 연습해 보세요.

(1) 如果不是王先生帮我 **拿回家来**， **我** 自己还 **拿** 不了呢！

告诉张先生	他	来
去买	我	买
做中餐	我	做

(2) 是昨天刚 **买回来** 的，还没好好儿 **安排** 呢。

修理好	试试
翻译好	看看
知道	准备

(3) 有这些 **家具**， **客厅** 就更像 **客厅** 了。

百科全书	书房
福字	春节
家电用品	厨房

百科全书 bǎikē quánshū 몡 백과사전
福字 fúzì 몡 복(福)자
春节 Chūn Jié 몡 설날, 구정
家电用品 jiādiàn yòngpǐn 몡 가전용품

2_ 다음 보기에서 알맞은 단어를 찾아 빈칸에 써보세요.

보기 回来 怎么样 可是 不少 很多 接 另外

(1) 老李，你好吗？ ＿＿＿＿＿＿天没见你了。

(2) 我去旅行了一个月，上星期刚 ＿＿＿＿＿＿。

(3) 我去了很多地方，有西安、上海、广州，
＿＿＿＿＿＿还去了杭州。

(4) 杭州是个好地方，那儿的天气 ＿＿＿＿＿＿？

(5) 那儿的天气不错。没有下雨，＿＿＿＿＿＿有点儿热。

(6) 你一定买回来了 ＿＿＿＿＿＿＿＿＿ 东西吧？

(7) 可不是吗，要不是孩子去车站 ＿＿＿＿＿＿＿＿＿ 我，
我一个人可拿不了。

3 다음 문장의 잘못된 곳을 찾아 바르게 고치세요.

(1) 我以前没来这儿过。

→ ＿＿＿＿＿＿＿＿＿＿＿＿＿＿＿＿＿＿＿＿

(2) 丁参赞走进来办公室了。

→ ＿＿＿＿＿＿＿＿＿＿＿＿＿＿＿＿＿＿＿＿

(3) 他回去家了。

→ ＿＿＿＿＿＿＿＿＿＿＿＿＿＿＿＿＿＿＿＿

(4) 你去中国过吗？

→ ＿＿＿＿＿＿＿＿＿＿＿＿＿＿＿＿＿＿＿＿

(5) 我还好好儿没安排这些家具。

→ ＿＿＿＿＿＿＿＿＿＿＿＿＿＿＿＿＿＿＿＿

4 다음 우리말을 중국어로 옮기세요.

(1) 이 가구들 예전에는 못 봤던 것 같은데요.

→ ＿＿＿＿＿＿＿＿＿＿＿＿＿＿＿＿＿＿＿＿

(2) 먼저 거실에 가서 좀 쉬고 계세요.

→ ＿＿＿＿＿＿＿＿＿＿＿＿＿＿＿＿＿＿＿＿

(3) 이렇게 하면 물건을 꺼낼 때 좀 더 편합니다.

    → ____________________

(4) 이 가구들이 있으니까, 거실이 더 거실다워졌습니다.

    → ____________________

(5) 손님은 다른 사람이 아니고, 바로 당신입니다.

    → ____________________

5 다음 단문을 읽고 물음에 답하세요. 💿 35

> 因为金哲秀家里有了厨师，所以今天就请他的朋友朴东和到他家来吃饭。朴东和在金哲秀家里看到了一些中国的老式家具。金哲秀说这些家具都是昨天刚买回来的，现在还没好好儿安排。他以后想把柜子放在卧室里、床的旁边，因为他觉得这样拿东西比较方便。另外他为了请客的时候用，还买了很多椅子。

(1) 朴东和在金哲秀家里看到了什么？

    → ____________________

(2) 金哲秀家里的家具是什么时候买的？

    → ____________________

(3) 金哲秀为什么买了很多椅子？

    → ____________________

具 jù	丨 冂 冂 目 目 且 具 具 具　具　具　具　具
式 shì	一 弋 弍 式 式 式 式　式　式　式　式
新 xīn	丶 亠 立 立 辛 辛 亲 亲 新 新 新 新　新　新　新　新
放 fàng	丶 亠 方 方 放 放 放 放　放　放　放　放
厅 tīng	一 厂 厅 厅 厅　厅　厅　厅　厅
柜 guì	一 十 才 木 柜 柜 柜 柜 柜　柜　柜　柜　柜
卧 wò	一 厂 匚 匚 臣 臣 臣 卧 卧 卧　卧　卧　卧　卧
室 shì	丶 宀 宀 宀 宏 宓 室 室 室 室　室　室　室　室
床 chuáng	丶 广 广 庀 庄 床 床 床　床　床　床　床
旁 páng	丶 亠 亠 宀 产 产 产 旁 旁 旁　旁　旁　旁　旁

한국에서도 음력으로 새해마다 해를 표현할 때 사용해서 익숙한 干支 gānzhī 간지는 중국 약 4,600여 년 전 중국 하(夏)나라 때부터 연, 월, 일을 표시하는 방법으로 사용되었다고 한다. 간지는 총 10개의 天干 tiāngān 천관과 12개의 地支 dìzhī 지지로 나뉘는데, 천간은 갑(甲), 을(乙), 병(丙), 정(丁), 무(戊), 기(己), 경(庚), 신(辛), 임(壬), 계(癸)를 말하며, 지지는 자(子), 축(丑), 인(寅), 묘(卯), 진(辰), 사(巳), 오(午), 미(未), 신(申), 유(酉), 술(戌), 해(亥)를 말한다.

이를 순서대로 서로 조합하면 60개가 되는데, 이리하여 갑자(甲子)하나의 간지는 60년마다 되돌아 오며, 이 때문에 만60세가 되는 생일을 환갑(还甲)이라고 한다. 반면에 중국에서는 대부분 사람이 60세가 되면 花白头发 huābái tóufa 머리카락이 하얗게 새다라고 해서, 花甲 huājiǎ 회갑이라고 한다.

十二支에 12가지 동물을 대응시켜, 사람들이 태어난 해를 구분하는데, 우리말의 띠에 해당하는 이것을 属相 shǔxiang 띠 혹은 生肖 shēngxiào 라고 부른다. 우리가 잘 알다시피 鼠 shǔ 쥐, 牛 niú 소, 虎 hǔ 호랑이, 兔 tù 토끼, 龙 lóng 용, 蛇 shé 뱀, 马 mǎ 말, 羊 yàng 양, 猴 hóu 원숭이, 鸡 jī 닭, 狗 gǒu 개, 猪 zhū 돼지를 가리킨다. 따라서, 子年에 태어났다고 하면, 쥐띠가 되고, 卯年에 태어났다고 하면, 토끼띠가 되는 것이다.

8 这儿的环境真好。

이곳의 환경은 정말 좋아요.

Zhèr de huánjìng zhēn hǎo.

CHECK-up POINT

1_ 비교문(比较句)
2_ 강조구문 不是…吗
3_ 便宜是便宜
4_ 大家还是喜欢住新楼
5_ 방위사(方位词)

의미의 미묘한 차이 구별 ② : "知道"와 "认识"

"그 사람을 압니까?"에는 두 가지 뜻이 있습니다. "그 사람(의 이름 혹은 소문 기타 등등)에 대해서 들어본 적이 있는지"와 "그 사람과 당신이 아는 사이인지"를 묻는 경우가 바로 그것입니다. 그런데 중국어에서는 이 두 가지 경우를 동사를 바꿈으로써 표현합니다. 전자는 "你知道他吗?", 후자는 "你认识他吗?"라고 한답니다.

이런 차이는 "知道"가 "어떤 사실이나 정답을 알다", "认识"가 "보아서 알다"라는 뜻을 나타내기 때문에 발생합니다. 그러다보니 중국어로는 "我知道他, 但不认识他(나는 그 사람에 대해서 알기는 하지만 아는 사이는 아닙니다)"와 같은 표현도 짧고 간단하게 할 수 있습니다.

🖸 36

在金哲秀的家里

朴东和　哲秀，你这阳台真大呀！

金哲秀　大吗？北边儿还有一个呢。

　　　　不过，那个比这个小。

朴东和　北边儿也有阳台？

金哲秀　有啊！你不知道？

朴东和　我来了好几次了，都没有注意，

　　　　不知道你这儿

　　　　有两个阳台。

NEW WORDS

阳台 yángtái 몡 발코니	呀 ya 조 아!(놀람, 감탄, 가벼운 긍정 등의 어기를 나타냄)
北 běi 몡 북	北边 běibiān 몡 북쪽　　不过 búguò 접 그러나
比 bǐ 전 …에 비하여	所以 suǒyǐ 접 그래서

金哲秀　你以前每次来的时间都不长，又都是晚上来。

再说，我也没跟你说过，所以你不知道。

朴东和　哲秀，你看？从这儿往西看得真远，

差不多能看到半个北京了。

金哲秀　是，天安门、故宫都看得很清楚。

往东看，看得也很远。

朴东和　那不是国际俱乐部吗？

金哲秀　对。再往东是友谊商店。

西 xī 명 서　　西边 xībiān 명 서쪽　　天安门 Tiān'ānmén [지명] 천안문

故宫 Gùgōng [지명] 고궁　　清楚 qīngchu 형 명확하다, 분명하다

国际俱乐部 Guójì jùlèbù 명 국제 클럽　　东 dōng 명 동　　东边 dōngbiān 명 동쪽

朴东和	马路南边是个大饭店吧?
金哲秀	是个大饭店，再往南是一个公园。
朴东和	这儿的环境真好！
金哲秀	你住的那个公寓也不错，离公园比我这儿还近。
朴东和	可是你这儿好像更好。
	你们这个公寓是新楼吧？
金哲秀	不都是新楼，我住的这个楼就是老楼。

New Words

环境 huánjìng 몡 환경	马路 mǎlù 몡 큰길, 도로	南 nán 몡 남
南边 nánbiān 몡 남쪽	饭店 fàndiàn 몡 호텔	公寓 gōngyù 몡 아파트
一样 yíyàng 혱 같다	住 zhù 동 살다, 거주하다	

98

39

朴东和　　老楼跟新楼不一样吗？

金哲秀　　不一样，老楼的房间比新楼小，厨房也没有新楼的大。

朴东和　　老楼的房租比新楼便宜，是吧？

金哲秀　　便宜是便宜，

　　　　　不过，大家还是喜欢住新楼。

朴东和　　是啊！我住的也是老楼，有些东西常常要修理。

房间 fángjiān 몡 방　　　　**房租** fángzū 몡 집세　　　　**租(金)** zū(jīn) 몡 임대료

문법해설

1 비교문(比较句)

차이비교문 : 성질이나 정도의 차이를 서로 비교하는 구문은 크게 "比"를 사용하는 형식과 "有"를 사용하는 형식으로 구분할 수 있다.

"比"를 사용하는 비교문

> 어순 | A+**比**+B+형용사(구)/일부 동사(구)

他**比**我更高。

他**比**我高五公分。

"比" 구문의 부정

> 어순 | A+**不**+**比**+B+형용사(구)/일부 동사(구)

这件毛衣**不比**那件毛衣好。

"比"구문에서 술어가 형용사일 경우, 해당 형용사의 앞에는 "很、真、非常" 등의 부사를 사용하지 못한다.

"有"를 사용하는 비교문

> 어순 | A+**有**+B+(那么·这么)+형용사(구)/일부 동사(구)

这孩子已经**有**我**那么**高了。

"有" 구문의 부정

> 어순 | A+**没有**+B+형용사(구)/일부 동사(구)

厨房也**没有**新楼的大。

昨天**没有**今天这么热。

동등비교문 : 비교의 대상이 성질이나 정도에 있어서 서로 차이가 없음을 표현하는 구문을 동등비교라고 한다.

어순 | A+跟+B+一样+형용사(구)/일부 동사(구)

她跟我一样喜欢小孩子。

동등비교문의 부정

A+跟+B+不一样   or   A+不跟+B+一样

她的想法跟我的想法不一样。

她的想法不跟我的想法一样。

2 **강조구문 不是…吗**

那不是国际俱乐部吗? 이 문장은 "저건 국제 클럽 아닙니까"라는 뜻을 나타내며, "不是"와 "吗"의 사이에 오는 내용이 틀림없는 사실임을 강조하는 반어문의 일종이다.

你不是去过那个地方吗?

3 **便宜是便宜**

"是"의 앞뒤에 동일한 구문을 배치하여 "비록 …하기는 …하지만"과 같이 화자의 불만을 나타내기 위하여 사용한다.

那本书有是有，但是我忘了放在哪儿了。

4 **大家还是喜欢住新楼**

이 문장은 "모두들 그래도 새 건물을 좋아하지요"라는 뜻이다. 이 때 주어 혹은 동사의 앞에 쓰이는 "还是"는 두 개 혹은 그 이상의 물건이나 상황 등을 서로 비교해 본 결과 "그래도 …하는 편이 낫다"는 뜻을 나타낸다.

我们还是去颐和园吧，十三陵太远。

5 방위사(方位词)

방향이나 위치관계를 나타내는 말을 방위사라고 하며, 어휘의 구성 성분에 따라서 단순방위사(16개: 아래 표의 세로축)와 복합방위사로 나누어진다.

중국어의 방위사

	边	面	头	方	部	当	以	之
东	东边	东面	东头	东方	东部		以东	
南	南边	南面	南头	南方	南部		以南	
西	西边	西面	西头	西方	西部		以西	
北	北边	北面	北头	北方	北部		以北	
上	上边	上面	上头	上方	上部		以上	之上
下	下边	下面	下头	下方	下部		以下	之下
前	前边	前面	前头	前方	前部		以前	之前
后	后边	后面	后头	后方	后部		以后	之后
左	左边	左面		左方	左部			
右	右边	右面		右方	右部			
里	里边	里面	里头					
外	外边	外面	外头		外部		以外	之外
内					内部		以内	之内
中					中部	当中		之中
间								之间
旁	旁边							

"边、面、头、方", "部"는 단순방위사의 뒤에, "当、以、之"는 단순방위사의 앞에 붙어서 복합방위사를 구성한다.

1_ 다음 단어를 바꾸어서 연습해 보세요.

(1) <u>那个楼</u>　比　　<u>这个</u>　　<u>小</u>。

我弟弟	我	瘦
他的汉语	你	好一点儿
老李的工作	她	忙得多

瘦 shòu ⑱ 마르다

(2) 老楼　<u>跟</u>　新楼　<u>一样</u>。

跟	不一样
不跟	一样
好像跟	不一样

(3) 厨房　<u>有</u>　新楼的　<u>大</u>。

没有	这么大
没有	那么小
有	那么大吗?

2_ 다음 보기에서 알맞은 단어를 찾아 빈칸에 써보세요.

<u>보기</u> 老　离　多了　一些　是　比

A: 老李，新家安排好了吗?

B: 快安排好了，还得买＿＿＿＿＿家具。

A: ＿＿＿＿＿家具不能用了吗?

B: 能用＿＿＿＿＿能用，不过，不够。

因为新房子＿＿＿＿＿老房子大＿＿＿＿＿。

A: 新房子的环境还不错，＿＿＿＿＿你工作的地方远吗?

B: 不远。环境也比老房子那儿好。

欢迎你来我家玩儿。

A: 好。有时间一定去。

3_ 다음 문장의 잘못된 곳을 찾아 바르게 고치세요.

(1) 汉语难是难，有意思。

→ ____

(2) 北和南都有一个阳台。

→ ____

(3) 他比我不高。

→ ____

(4) 他的汉语比我很好。

→ ____

(5) 他没有我更喜欢中国药。

→ ____

4_ 다음 우리말을 중국어로 옮기세요.

(1) 여러 번 왔는데도 당신 집에 베란다가 두 개 있다는 건 몰랐습니다.

→ ____

(2) 당신 집이 우리 집보다 훨씬 큽니다.

→ ____

(3) 주방도 그의 집 것만큼 크지 않습니다.

→ __________________________________

(4) 여기에서 서쪽을 보면 거의 베이징의 반을 볼 수 있습니다.

→ __________________________________

(5) 그 아파트는 이 아파트와 다릅니다.

→ __________________________________

5 다음 단문을 읽고 물음에 답하세요. 🔘 **40**

> 　　金哲秀住的楼是新楼，所以房租比较贵。新楼的客厅和厨房都比老楼的大，放家具、做饭都很方便。
>
> 　　另外，金哲秀家有两个阳台，一个在北边，一个在南边。夏天，他常跟朋友们在北边的阳台上喝茶，他们又说又笑，朋友们都说金哲秀家是他们的"俱乐部"。

(1) 金哲秀住的新楼的房租贵不贵？ → ____________________

(2) 老楼的客厅大还是新楼的客厅大？ → ____________________

(3) 金哲秀家有几个阳台？ → ____________________

(4) 朋友们喜欢不喜欢金哲秀的家？为什么？ → ____________________

| 环 huán | 一 丁 王 王 玑 环 环 环 |
| 环 环 环 环 环 |

| 境 jìng | 一 十 土 圹 圹 圹 垆 垆 垆 培 培 境 境 境 |
| 境 境 境 境 境 |

| 阳 yáng | 丨 阝 阝 阳 阳 阳 |
| 阳 阳 阳 阳 阳 |

| 台 tái | 厶 厶 台 台 台 |
| 台 台 台 台 台 |

| 呀 ya | 丨 丨 口 口 叮 呀 呀 |
| 呀 呀 呀 呀 呀 |

| 北 běi | 丨 丬 扌 北 北 |
| 北 北 北 北 北 |

| 清 qīng | 丶 丶 氵 氵 汁 汁 清 清 清 清 清 |
| 清 清 清 清 清 |

| 楚 chǔ | 一 十 才 木 木 村 材 林 埜 棥 棥 楚 楚 |
| 楚 楚 楚 楚 楚 |

| 马 mǎ | 乛 马 马 |
| 马 马 马 马 马 |

| 煤 méi | 丿 丿 火 火 火 灯 炉 炉 煤 煤 煤 煤 煤 煤 |
| 煤 煤 煤 煤 煤 |

9 修理好了。
Xiūlǐ hǎo le.

CHECK-up POINT
1_ 过와 了의 결합
2_ 사역문과 겸어문
3_ 有点儿과 一点儿의 비교
4_ 동사 以为
5_ 접속사 要不

의미의 미묘한 차이 구별 ③ : "了解"와 "理解"

대부분의 중국어 사전에서 "了解"와 "理解"는 둘 다 "이해하다"로 풀이합니다. 과연 그 뜻풀이가 정확할까요. "了解"에는 첫째 "잘 알다"와 둘째 "물어서 알게 되다"는 뜻이 있습니다. "理解"에는 "了解"의 첫째 의미(잘 알다)에다 "이해하다", "용인하다"는 뜻이 추가되지만 "了解"의 둘째 의미는 존재하지 않습니다. 그래서 별반 다를 바 없어 보이는 아래 두 문장이 서로 미묘한 의미 차이를 나타내게 됩니다.

A 他很了解我。(그는 나를 잘 안다.)
B. 他很理解我。(그는 나를 잘 이해한다.)

"A"는 나의 집안, 취미, 생각, 성격 등의 잘 안다는 뜻이고, "B"는 내가 어떻게 행동하고 말하든 잘 이해해 준다는 뜻입니다. 미묘한 뉘앙스의 차이 아시겠지요?

🔘 41

在金哲秀的家里

厨 师 　金先生，这煤气灶好像有点儿毛病。

　　　　现在要不要叫人来修理修理？

金哲秀 　刚才我已经给公寓的物业打过电话了。

　　　　他们说马上让工人来修。

厨 师 　对了，卫生间的水龙头也有点儿漏水。

NEW WORDS

煤气 méiqì 몡 가스	**煤气灶** méiqìzào 몡 가스레인지
毛病 máobing 몡 고장, 결점, 결함	**物业** wùyè 몡 관리실
工人 gōngrén 몡 노동자	**卫生间** wèishēngjiān 몡 화장실
水龙头 shuǐlóngtóu 몡 수도꼭지	**漏水** lòu//shuǐ 됭 물이 새다

🔘 **42**

工人来金哲秀家修理煤气灶

金哲秀　金先生，您这煤气灶没有大毛病，只是开关有点儿问题。

工　人　要不要换个新开关？

金哲秀　不用了，

　　　　修一下儿就可以了。

金哲秀　修得好吗？

工　人　修得好。

　　　　您看，已经没问题了。

金哲秀　太好了。我还以为有什么大毛病呢。那水龙头呢？

工　人　水龙头也没坏，

　　　　换一个小零件就行了。

只是 zhǐshì 🈺 다만. 오직

开 kāi 🈺 (스위치, 벨브를) 켜다

换 huàn 🈺 바꾸다

零件 língjiàn 🈺 부속품

开关 kāiguān 🈺 스위치. 벨브

关 guān 🈺 (스위치, 벨브를) 끄다

以为 yǐwéi 🈺 …라고 생각하다. …인 줄 알다

🔘 43

金哲秀	换过了吗？
工 人	换过了。
	您去看看，现在已经不漏水了。
金哲秀	好极了。谢谢你。
工 人	不客气。
	您还有什么要修理的吗？
金哲秀	你们那儿修电冰箱和洗衣机吗？
工 人	我们那儿不修，
	综合服务公司修。

NEW WORDS

极 jí 〈부〉 극히. 아주. 매우	电冰箱 diànbīngxiāng 〈명〉 냉장고	洗衣机 xǐyījī 〈명〉 세탁기
洗 xǐ 〈동〉 씻다	综合服务公司 zōnghéfúwùgōngsī 〈명〉 종합서비스회사	

🔘 44

金哲秀	什么公司？
工 人	综合服务公司，他们那儿修理电器。
金哲秀	他们那儿也修家具吗？
	我的椅子也得修一修。
工 人	听说他们那儿也修理家具，
	要不，您打个电话问问。
金哲秀	好，谢谢。

公司 gōngsī 몡 회사　　　　**电器** diànqì 몡 전기제품

电 diàn 몡 전기　　　　　**要不** yàobù 젭 그렇지 않으면. …하든지

문법해설

1 过와 了의 결합

경험을 표시하는 "过"는 "了"(엄밀하게 말하자면 "了₂")와 결합하지 않는다. 따라서 만약 "过"와 "了"가 동시에 출현하는 문장이 있다면, "过"는 경험이 아니라 동사의 행위가 완료되었음을 나타내는 용법으로 쓰인 것이다.

赶到剧院，第一幕已经演过了。

刚才我已经给公寓的物业打过电话了。

他已吃过晚饭了。

2 사역문과 겸어문

사역동사("让", "叫", "请", "使" 등)를 포함하는 문장은 기본적으로 겸어문이기도 하다. 예를 들어 "请他来我的办公室"라는 문장에서 "他"는 "请"의 목적어이면서 그와 동시에 두 번째 동사 "来"의 주어 역할을 수행하고 있으므로 겸어이다. 따라서 이 문장은 겸어문이자 사역문이라고 할 수 있다. 그리고 겸어문의 경우 사역동사와 겸어 사이에는 다른 성분을 삽입할 수 없다.

现在要不要叫人来修理修理？

老师让他提提意见。

请王教授来做讲座。

3 有点儿과 一点儿의 비교

"有点儿"은 주로 화자에게 있어서 바람직하지 않은 상황에서 쓰인다. 다음에 이어지는 형용사는 소극적이고 부정적인 의미를 가지고 있는 경우가 대부분이며, 문장에서는 부사어 역할만을 한다.

这煤气灶好像有点儿毛病。

今天**有点儿**冷。

她**有点儿**不高兴。

"有点儿"이 형용사 앞에서 부사어로 사용되는 반면, "一点儿(조금, 약간)"은 형용사나 동사 뒤에서 보어로 쓰이며, 부정적인 어감이 없다.

今天热**一点儿**。

你再吃**一点儿**饭吧。

他比我高**一点儿**。

4 　동사 以为

이 문장은 "나는 무슨 큰 고장이라도 난 줄 알았어요"라는 뜻으로, 이 때 "以为"에는 "…라고 생각(판단)하다"와 "…인 줄 (잘못) 알다"의 두 가지 의미가 있다. 후자의 의미로 쓰일 경우, "以为"의 다음에는 화자가 잘못 알고 있거나 오해하고 있는 내용이 이어진다.

我**以为**有人敲门，其实不是。

我**以为**她已经结婚了。

他**以为**我是中国人。

5 　접속사 要不

"아니면, …가 아니라면"이라는 뜻으로, 앞의 내용을 받아서 그와 상반되는 이야기를 이끄는 경우와 앞뒤 두 개의 내용 중에서 선택을 요구하는 경우가 있다.

他一定有事，**要不**，为什么这么晚还不回来。

我认识她，**要不**我怎么能认出她来呢？

我明天没有时间，**要不**你后天来吧！

연습문제

1 다음 단어를 바꾸어서 연습해 보세요.

(1) <u>这煤气灶</u>　好像　有点儿　<u>毛病</u>。

房子
面包
西红柿

小
贵
不新鲜

(2) 您这煤气灶没有大毛病，只是　<u>开关有点儿问题</u>。

我学过中文
我很想去
新楼好是好

不会写汉字
不认识路
房间小了点儿

(3) 他们说马上　让　<u>工人来修</u>！

老板
妈妈
丁参赞

他出差
我读信
金先生去陪

> 老板 lǎobǎn 몡 사장
> 出差 chūchāi 동 출장가다
> 读 dú 동 읽다
> 信 xìn 몡 편지

2 다음 보기에서 알맞은 단어를 찾아 빈칸에 써보세요.

> **보기** 麻烦　哪里　一　毛病　放　少

A: 请问，我的车灯开关有＿＿＿＿＿＿，这儿能修理吗？

B: 可以。

A: 能马上修好吗？

因为我的车不能＿＿＿＿＿＿在这儿。

B: 我看看。请您打开开关。

A: 打开了。您看，不行。我再开＿＿＿＿＿＿开，就可以了。

114

B: 好。关上吧。

A: 我不知道毛病在＿＿＿＿＿＿＿＿。

B: 没大毛病。只是＿＿＿＿＿＿＿了一个小零件。
你看，没问题了。

A: ＿＿＿＿＿＿＿您了。谢谢。

3 다음 문장의 잘못된 곳을 찾아 바르게 고치세요.

(1) 我家的电话有毛病一点儿。

→ ＿＿＿＿＿＿＿＿＿＿＿＿＿＿＿＿＿＿＿＿＿＿＿

(2) 昨天丁参赞叫了张先生去陪代表团。

→ ＿＿＿＿＿＿＿＿＿＿＿＿＿＿＿＿＿＿＿＿＿＿＿

(3) 金先生最近一点儿忙。

→ ＿＿＿＿＿＿＿＿＿＿＿＿＿＿＿＿＿＿＿＿＿＿＿

(4) 朴先生早就说没来了。

→ ＿＿＿＿＿＿＿＿＿＿＿＿＿＿＿＿＿＿＿＿＿＿＿

(5) 现在已经没漏水。

→ ＿＿＿＿＿＿＿＿＿＿＿＿＿＿＿＿＿＿＿＿＿＿＿

4 다음 우리말을 중국어로 옮기세요.

(1) 저는 또 무슨 큰 고장이라도 있는 줄 알았습니다.

→ ＿＿＿＿＿＿＿＿＿＿＿＿＿＿＿＿＿＿＿＿＿＿＿

(2) 간단한 부품 하나만 바꾸면 됩니다.

→ _________________________________

(3) 전화해서 한 번 물어보세요.

→ _________________________________

(4) 그곳에서 가구도 수리한다고 들었습니다.

→ _________________________________

(5) 곧 인부에게 수리하러 가라고 하겠다고 말했습니다.

→ _________________________________

5 다음 단문을 읽고 물음에 답하세요. 🔘 45

> 　　金哲秀家里请来了一位厨师。厨师做饭的时候，觉得煤气灶不好用，还看见卫生间的水龙头漏水，就告诉了金哲秀。金哲秀说他已经给物业打过电话了。不久之后，物业的工人就来了。他们看了煤气灶，说没有大毛病，只是开关有问题。修好煤气灶以后，他们看了看卫生间的水龙头，说水龙头也没大毛病，换一个小零件就可以了。这样，卫生间的水龙头也不再漏水了。

(1) 谁做饭的时候觉得煤气灶不好用？ → _________________________

(2) 金哲秀家的煤气灶为什么有毛病？ → _________________________

(3) 水龙头是怎么修好的？ → _________________________

(4) 金哲秀为了修理煤气灶和水龙头给谁打了电话？

→ _________________________________

	필순								
病 bìng	病	病	病	病	病				
卫 wèi	卫	卫	卫	卫	卫				
龙 lóng	龙	龙	龙	龙	龙				
漏 lòu	漏	漏	漏	漏	漏				
只 zhǐ	只	只	只	只	只				
换 huàn	换	换	换	换	换				
件 jiàn	件	件	件	件	件				
冰 bīng	冰	冰	冰	冰	冰				
箱 xiāng	箱	箱	箱	箱	箱				
洗 xǐ	洗	洗	洗	洗	洗				

중국 주요 명절에 먹는 전통음식입니다. 왼쪽 상단 시계방향으로 추석의 月饼 yuèbing, 설날의 水饺 shuǐjiǎo, 단오의 粽子 zòngzi, 정월 대보름의 汤圆 tāngyuán 입니다.

찹쌀에 각종 야채나 고기를 넣고 대나무 잎 싸서 찐 음식이에요.

10

请您帮忙。

Qǐng nín bāngmáng.

WARMING-UP

의미의 미묘한 차이 구별 ④ : "本来"와 "原来"

한국어의 "본래"와 "원래"도 가끔 헷갈리지만, 중국어의 "本来"와 "原来" 역시 마찬가집니다. 특히 한국 사람은 스스로 이 두 단어를 잘 알고 있다고 착각하는 경우가 많은 것 같습니다. 한국어의 영향 때문이겠지요. 물론 "本来"와 "原来"가 거의 유사한 의미로 쓰이기도 합니다. 항상 같지는 않다는 게 문제이지만요.

"本来"에는 "본래"란 뜻 이외에 "이치에 따르면", "도리대로 하자면"이란 의미가 있습니다.

"原来"는 "원래", "본래"란 뜻 이외에 새로운 상황이 출현하거나 화자가 몰랐던 "진실"을 새삼 깨달았을 때 사용합니다. 예문을 살펴볼까요.

A. 你病还没治好，本来就不可以出去。 넌 아직 완치되지 않았으니 원래 나다니면 안 되는 거야.

B. 原来你是新来的老师呀！看上去跟学生一样。 아하! 새로 온 선생님이었군요. 겉모습은 학생 같은데.

C. 我们本来(原来)住的地方，现在都改成了马路。 원래 우리가 살던 곳이 지금 도로가 되었다.

"C"의 "本来"는 "原来"로 바꾸어 써도 괜찮지만, "A"의 "本来"를 "原来"로 쓰거나 "B"의 "原来" 자리에 "本来"를 넣어서는 안 됩니다. 절대로!!!

🔊 46

在金哲秀的家里

阿姨	您好！您是金先生吗？
金哲秀	是。我是金哲秀。
阿姨	我是服务局派来的阿姨。
金哲秀	您好！欢迎您。
阿姨	谢谢。
	我很高兴来您这儿工作。
金哲秀	您怎么称呼？
阿姨	我姓刘，叫刘芳。

NEW WORDS

阿姨 āyí 몡 이모. 아주머니. 아줌마　　　称呼 chēnghu 몡동 호칭(하다)

刘芳 Liú Fāng [인명] 리우황

47

金哲秀　哦！刘阿姨，先看看我的房间，好吗？

阿　姨　好。这套房子够大的。

金哲秀　是不小。这是客厅，

　　　　那是卧室，卫生间在卧室旁边儿。

阿　姨　我的工作是不是打扫卫生、

　　　　洗衣服和熨衣服？

金哲秀　对，这些家具每天都要擦一擦。

房子 fángzi 몡 집. 가옥　　　　套 tào 양 세트 물건, 기계류, 방법, 집 등을 헤아리는 양사

打扫 dǎsǎo 통 청소하다　　　　卫生 wèishēng 명형 위생(적이다)

熨 yùn 통 다림질하다　　　　衣服 yīfu 명 옷

擦 cā 통 (수건, 천 등으로) 닦다. 마찰하다. 비비다. (기름 등을) 바르다. 칠하다

48

阿姨	是得每天擦。特别是春天，北京常常刮风，土很多。
金哲秀	就是。一刮风，哪儿都很脏。
	还有，有些衣服要用手洗，
	就得请您帮忙了。
阿姨	没问题，有什么要做的，
	您就告诉我，不要客气。
金哲秀	谢谢。刘阿姨，你明天可以来上班吗？
阿姨	可以，我几点来呢？
金哲秀	您九点来，怎么样？

NEW WORDS

| 春天 chūntiān 몡 봄 | 刮风 guā fēng 통 바람이 불다 | 土 tǔ 몡 흙, 먼지 |
| 脏 zāng 혱 더럽다 | 帮忙 bāng//máng 통 돕다 | |

49

阿 姨	好吧。我下午五点下班，是吗？
金哲秀	什么时候做完了事儿，您就什么时候走， 不一定要等到五点。
阿 姨	好吧。还有什么事吗？
金哲秀	没有了。对了，我每天八点半上班， 这是我家的钥匙，给您一把。
阿 姨	谢谢。没事， 我就回家了。 我们明天见吧。
金哲秀	好。明天见！

完 wán 동 마치다

钥匙 yàoshi 명 열쇠

把 bǎ 양 주로 손잡이가 있는 물건을 헤아리는 양사

1 　阿姨의 의미

"아주머니", "이모"라는 뜻으로, 원래는 어머니의 자매에 대한 호칭이
었으나, 지금은 성인 여성 전반에 대한 호칭으로 일반화되었다.

2 　您怎么称呼?

중국에서 웃어른을 호칭할 때는 일반적으로 성 앞에 "老"나 "大"를 붙
이고, 아랫사람에게는 "小"를 붙인다. 가까운 사람에게는 "叔叔、阿姨、大姐、
大哥"와 같이 친족명칭을 빌려 쓰기도 하며, 직장에서는 "王主任"과 같이 직위를
붙여서 부르기도 한다.

3 　够의 용법

"够"는 형용사를 수식하여 일정한 기준이나 정도에 충분히 도달하였음을 나타내
며, 종종 문장 끝에 "的" 혹은 "了"를 동반한다.

这套房子够大的。

已经够饱了。

4 　打扫卫生

"打扫卫生" 전체가 "청소하다", "바닥을 쓸다"는 뜻으로 쓰인다는 점에
주의하여야 한다.

5 　特别의 용법

特别(是)+명사(구)　혹은　特别(是)+동사구(혹은 주술구)　의 형식으로 쓰여서 같
은 종류의 사물이나 현상 중에서 어떤 한 가지만을 특정하여 설명한다.

特别是春天，北京常常刮风，土很多。

我喜欢看球赛，特别是职业棒球。

6 **의문사 + 都**

부사 "都"는 앞에서 언급되고 있는 사람이나 사물 전체를 포괄하여 구성원(구성요소)들 간의 공통점을 강조하는 역할을 한다. 의문사와 같이 쓰일 경우, "단 하나의 예외도 없음"을 나타내게 된다.

一刮风，哪儿都很脏。

谁都不认识这个字。

7 **의문대명사의 활용 : 임의지시(任意指示) 혹은 범지(泛指)**

동일한 의문대명사를 주절과 종속절에 각각 하나씩 배치하여 사람, 사물, 수단, 시간, 장소가 동일함을 나타내는 용법이 있는데, 이 때 앞에 위치하는 의문대명사는 임의지시를 나타내고, 뒤에 이어지는 의문대명사는 앞의 의문대명사가 지시하는 것과 동일한 것을 지칭한다.

什么时候做完了事，您就什么时候走。

哪里有困难，他就出现在哪里。

8 **의미상의 가정문(假设句)**

일반적으로 가정(假定)을 표현하려면 "如果…, (就)…", "假如…, (就)…", "倘若…, (就)…", "要(是)…, (就)…" 등의 관련 구문을 사용해야 하지만, 간혹 주절에 "就"만 남아있거나 아예 가정을 나타내는 성분을 전혀 찾아볼 수 없는 경우도 있다. 이러한 복문은 문맥의 자연스러운 흐름 속에서 당사자가 직접 가정문인지 아닌지를 판단하여야 한다.

没事，我就回家了。

有什么困难，我一定去帮你的忙。

1 다음 단어를 바꾸어서 연습해 보세요.

(1) 我是　**服务局**　派来的　**阿姨**。

英国	参赞
外交部	翻译
美国大使	代表

(2) **一刮风,**　**哪儿**　都　**很脏**。

一上班	谁	很忙
一下班	什么工作	不做了
他一说	大家	懂了

外交部 wàijiāobù 명 외무부
懂 dǒng 명 이해하다

(3) 什么时候 **做完了事儿**, 您就什么时候 **走**, 不一定要等 **到五点**。

来了电话		去	我
安排好了		告诉他	他问
饭做好了		吃	我回来

2 다음 보기에서 알맞은 단어를 찾아 빈칸에 써보세요.

보기　欢迎　叫　一下儿　一点儿　听　什么时候　或者

(1) ＿＿＿＿＿＿我先生说您今天要来, 我正等着您呢。

(2) 您就＿＿＿＿＿＿我李阿姨吧。

(3) ＿＿＿＿＿＿您来我家工作。

(4) 来我家工作, 可能会累＿＿＿＿＿＿。

(5) 下午有时侯帮我准备＿＿＿＿＿＿晚饭,

有时侯跟小孩儿出去玩儿玩儿。

(6) 九点＿＿＿＿＿＿九点半都可以。

(7) 我＿＿＿＿＿＿开始上班？

3 다음 문장의 잘못된 곳을 찾아 바르게 써보세요.

(1) 今天工作很忙的。

→ ＿＿＿＿＿＿＿＿＿＿＿＿＿＿＿＿＿＿＿＿＿＿＿＿

(2) 他回到家，哪儿不想去。

→ ＿＿＿＿＿＿＿＿＿＿＿＿＿＿＿＿＿＿＿＿＿＿＿＿

(3) 金哲秀给一把钥匙阿姨。

→ ＿＿＿＿＿＿＿＿＿＿＿＿＿＿＿＿＿＿＿＿＿＿＿＿

(4) 不一定等五点。

→ ＿＿＿＿＿＿＿＿＿＿＿＿＿＿＿＿＿＿＿＿＿＿＿＿

(5) 衣服洗很干净。

→ ＿＿＿＿＿＿＿＿＿＿＿＿＿＿＿＿＿＿＿＿＿＿＿＿

4 다음 우리말을 중국어로 옮기세요.

(1) 여기에 와서 일하게 되어서 저는 무척 기쁩니다.

→ ＿＿＿＿＿＿＿＿＿＿＿＿＿＿＿＿＿＿＿＿＿＿＿＿

(2) 제 일은 청소하고, 빨래하고 옷 다리는 것 아닌가요?

→ ＿＿＿＿＿＿＿＿＿＿＿＿＿＿＿＿＿＿＿＿＿＿＿＿

(3) 일을 다 마치는 대로 가시면 됩니다. 굳이 5시까지 기다릴 필요는 없습니다.

→ ______________________________________

(4) 어떤 옷들은 손세탁을 해야 합니다.

→ ______________________________________

(5) 이것은 우리 집 열쇠인데, 당신에게 하나 드리겠습니다.

→ ______________________________________

5 다음 단문을 읽고 물음에 답하세요. 🔘 **50**

> 　　服务局给金哲秀家派来了一位阿姨。这位阿姨姓刘，金哲秀就叫她刘阿姨。刘阿姨的工作是打扫卫生、洗衣服和熨衣服。金哲秀说北京的春天常常刮风，土很多，所以家里的家具得每天擦。另外，有一些衣服需要用手洗。
>
> 　　金哲秀每天八点半上班，他就叫阿姨九点开始上班。下班时间不一定，金哲秀让阿姨什么时候做完了事，就什么时候走。

(1) 哪儿给金哲秀家派来了一位阿姨？

→ ______________________________________

(2) 金哲秀家的阿姨一天上几个小时的班？

→ ______________________________________

(3) 阿姨的工作是什么？

→ ______________________________________

(4) 北京的春天怎么样？ → ______________________________________

阿 ā	丨 阝 阝 阿 阿 阿 阿
姨 yí	一 乚 女 𡗜 奴 奼 姨 姨 姨
称 chēng	丿 二 千 禾 禾 和 称 称 称 称
呼 hū	丨 冂 口 口´ 叮 吁 呼 呼
套 tào	一 ナ 大 太 本 本 奍 套 套 套
扫 sǎo	一 二 扌 扫 扫 扫
熨 yùn	丿 𡰪 尸 尸 尸 尸 尉 尉 尉 尉 熨 熨 熨
擦 cā	丨 扌 扌 扩 扩 扩 扩 捡 捛 捺 捺 擦 擦 擦 擦
刮 guā	一 二 千 千 舌 舌 舌 刮
脏 zāng	丿 月 月 月 月` 旷 旷 胙 脏 脏

1 **범위를 한정하는 就是** "다름이 아니라 바로 …이다", "…뿐이다"라는 뜻을 나타낸다.

就是我常跟你说的那个农贸市场。

2 **연동문(连动句)** 둘 혹은 둘 이상의 동사(구)가 술어를 구성하고 있고, 전체 동사(구)가 동일한 주어의 지배를 받는 문장을 말한다.

어순 | 주어+동사1+목적어1+동사2+목적어2……

동사1과 동사2의 의미 관계에 따른 분류

❶ 동사2가 동사1의 목적을 나타내는 경우

我去机场接朋友。

❷ 두 동사가 서로 인과관계를 나타내는 경우

我有事不能参加。

❸ 두 개의 동작이 시간 순서대로 일어나는 경우

我们吃了晚饭散步去吧。

3 **상태동사** "喜欢"과 같이 사람의 정신(심리) 상태를 표시하는 동사를 말한다. 다른 동사와 달리 정도부사 "很、特别、十分" 등의 수식을 받을 수 있다.

我很喜欢自己买菜。

4 **이중목적어를 취하는 동사** "给gěi、教jiāo、送sòng、告诉gàosu、叫jiào" 등등.

어순 | 주어+동사+간접목적어(사람)+직접목적어

请告诉他们别等了。

5 **복합방향보어**

❶ 복합방향보어의 종류

	上	下	进	出	回	过	起	开	到
来	上来	下来	进来	出来	回来	过来	起来	开来	到…来
去	上去	下去	进去	出去	回去	过去			到…去

❷ 복합방향보어와 목적어의 위치

장소가 목적어인 경우 : 목적어는 복합방향보어의 중간에 위치함.

王老师走进教室师来了。

장소를 제외한 기타 목적어 : 복합방향보어의 뒤 혹은 중간 어디에 오더라도 상관없다.

복합방향보어의 중간　　家里走出几个人来。
복합방향보어의 뒤　　　家里走出来几个人。

6 　동태조사 过

❶ 경험 : 我以前好像没见过。

❷ 동작의 실행(완수) : 洗过澡再吃饭。

❸ 부정형식(동사 앞에 "没"를 첨가) : 我以前没见过她。

7 　단음절 형용사의 중첩

❶ 의미의 변화 : 원래 형용사가 가지고 있던 의미를 더욱 강조

❷ 베이징지역의 구어체에서는 중첩된 형용사의 두 번째 음절이 제1성으로 소리 나면서 뒤에 "儿"을 덧붙이기도 한다.

〈단음절 형용사의 중첩형식과 발음변화〉

	A → AA	A → AA儿
好(A)	好好	好好儿
hǎo	hǎohǎo	hǎohāor

8 　겸어문(兼语句)　두 개의 동사(구)가 술어를 구성하고 있고, 첫 번째 동사의 목적어가 의미적으로 두 번째 동사의 주어 역할을 하는 문장을 말한다.

我可以陪你去。

9   비교문(比较句)

차이비교문 : 성질이나 정도의 차이를 서로 비교하는 문장.

❶ "比"를 사용하는 비교문

어순 | A+比+B+형용사(구)/일부 동사(구)

他比我更高。

❷ "比" 구문의 부정

어순 | A+不+比+B+형용사(구)/일부 동사(구)

这件毛衣不比那件毛衣好。

❸ "有"를 사용하는 비교문

어순 | A+有+B+(那么·这么)+형용사(구)/일부 동사(구)

这孩子已经有我那么高了。

❹ "有" 구문의 부정

어순 | A+没有+B+형용사(구)/일부 동사(구)

厨房也没有新楼的大。

동등비교문 : 비교의 대상이 성질이나 정도에 있어서 서로 차이가 없음을 표현하는 문장.

❶ 긍정문

어순 | A+跟+B+一样+형용사(구)/일부 동사(구)

她跟我一样喜欢小孩子。

❷ 부정문

어순 | A+跟+B+不一样)

她的想法跟我的想法不一样。

어순 | A+不跟+B+一样)

她的想法不跟我的想法一样。

10 방위사(方位词) 방향이나 위치관계를 나타내는 말. 단순방위사(16개: 아래 표의 세로축)와 복합방위사로 나누어진다.

	边	面	头	方	部	当	以	之
东	东边	东面	东头	东方	东部		以东	
南	南边	南面	南头	南方	南部		以南	
西	西边	西面	西头	西方	西部		以西	
北	北边	北面	北头	北方	北部		以北	
上	上边	上面	上头	上方	上部		以上	之上
下	下边	下面	下头	下方	下部		以下	之下
前	前边	前面	前头	前方	前部		以前	之前
后	后边	后面	后头	后方	后部		以后	之后
左	左边	左面		左方	左部			
右	右边	右面		右方	右部			
里	里边	里面	里头					
外	外边	外面	外头		外部		以外	之外
内					内部		以内	之内
中					中部	当中		之中
间								之间
旁	旁边							

"边头、面、头、方、部"는 단순방위사의 뒤에, "当、以、之"는 단순방위사의 앞에 붙어서 복합방위사를 구성한다.

11 有点儿과 一点儿의 비교

	뉘앙스	문장에서의 위치	문장에서의 역할
有点儿	부정적	형용사의 앞	부사어
一点儿	중립적	형용사(동사)의 뒤	보어

12　**사역문과 겸어문**　사역동사를 포함하는 문장은 기본적으로 겸어문이기도 하다.

现在要不要叫人来修理修理?

13　**过와 了의 결합**　"过"와 "了"가 동시에 출현하는 문장에서 "过"는 경험이 아니라 동사의 행위가 완료되었음을 나타낸다.

赶到剧院时，第一幕已经演过了。

14　**够의 용법**　"够"는 형용사를 수식하여 일정한 기준이나 정도에 충분히 도달하였음을 나타낸다.

这套房子够大的。

15　**特别의 용법**　特别(是)+명사(구)　혹은　特别(是)+동사구(혹은 주술구) 의 형식으로 쓰여서 같은 종류의 사물이나 현상 중에서 어떤 한 가지만을 특정하여 설명한다.

特别是春天，北京常常刮风，土很多。

16　**의문사＋都**　앞에서 언급되고 있는 사람이나 사물 전체를 포괄하여 구성원 (구성요소)들 간의 공통점을 강조한다.

一刮风，哪儿都很脏。

17　**의문대명사의 활용：임의지시(任意指示) 혹은 범지(泛指)**　동일한 의문대명사를 주절과 종속절에 각각 하나씩 배치하여 서로 동일한 사람, 사물, 수단, 시간, 장소임을 나타낸다.

什么时候做完了事，您就什么时候走。

18　**의미상의 가정문(假设句)**　가정을 나타내는 별도의 성분없이 "만약"의 의미를 표시하는 문장을 말한다.

有什么困难，我一定去帮你的忙。

接	jiē	동	(전화를) 받다	39
介绍	jièshào	동	소개하다	32
斤	jīn	양	근(1斤=500g)	74

K

咖啡	kāfēi	명	커피	43
开	kāi	동	(스위치, 벨브를) 켜다	109
开关	kāiguān	명	스위치, 벨브	109
开始	kāishǐ	명·동	시작(하다)	62
课	kè	명	수업	51
客人	kèrén	명	손님	62
客厅	kètīng	명	응접실	84

L

老	lǎo	형	늙다	85
老板	lǎobǎn	명	사장	114
老式	lǎoshì	명·형	구식(의), 고풍(의)	85
离开	líkāi	동	떠나다, 벗어나다	16
了	liǎo	동	끝내다	62
临时	línshí	명	임시	27
临时代办	línshídàibàn	명	임시대리대사	27
零件	língjiàn	명	부속품	109
另外	lìngwài	부	그밖에	86
旅游	lǚyóu	동	여행(관광)하다	15
漏水	lòu∥shuǐ	동	물이 새다	108

Q

R

S

T

天坛	tiāntán	명	천단	43
同意	tóngyì	명·동	동의(하다)	39
土	tǔ	명	흙, 먼지	122
土豆	tǔdòu	명	감자	75

W

外地	wàidì	명	다른 곳, 다른 지방	14
外面	wàimiàn	명	바깥, 밖	61
外交部	wàijiāobù	명	외무부	126
完	wán	동	마치다	123
晚饭	wǎnfàn	명	저녁식사	61
忘	wàng	동	잊다	49
喂	wèi	감	(전화에서) 여보세요	13
卫生	wèishēng	명·형	위생적(이다)	121
卫生间	wèishēngjiān	명	화장실	108
文化	wénhuà	명	문화, 학문, 교양	15
问题	wèntí	명	문제	51
卧室	wòshì	명	침실	86
午饭	wǔfàn	명	점심식사	61
物业	wùyè	명	관리실	108

X

西	xī	명	서	97
西安	Xī'ān	[지명]	서안, 성서성의 성도	15
西边	xībiān	명	서쪽	97
西餐	xīcān	명	양식	61
西红柿	xīhóngshì	명	토마토	114

陪

我去陪代表团了。

外地

我去外地了。

旅游

我们去北京旅游了。

访问

他们在北京访问了三天。

离开

他们是昨天上午离开广州回国的。

着

好几天不在，很多事情等着我呢。

一定

你一定很累，要好好儿休息休息。

동반하다, (곁에서) 수행하다
· · · · · · · · · ·
저는 대표단을 수행하러 갔어요.

베이징중국어 40
단어장

관광(여행) 하다
· · · · · · · · ·
우리는 베이징에 가서 관광했어요.

자신이 살고 있는 지역이
아닌 다른 지역
· · · · · · · · · ·
저는 오지에 갔어요.

떠나다, 벗어나다
· · · · · · · · · ·
그들은 어제 오전에 꽝저우를 떠나 귀국했어요.

방문하다
· · · · · · · · ·
그들은 베이징을 3일간 방문했어요.

반드시 …하다
· · · · · · · · ·
당신은 분명히 매우 피곤할거예요,
잘 쉬어야 해요.

…하고 있다
· · · · · · · · ·
며칠 동안 없었더니, 많은 일들이
나를 기다리고 있어요.

刚才

刚才我给你打电话，你不在。

安排

他的日程已经安排满了。

拜会

我们参赞想拜会你们参赞。

或者

这个星期或者下个星期，可以吗？

行

这个星期可能不行。

活动

下个星期的活动现在还没安排。

答复

你什么时候给我答复？

告诉

明天上午告诉你，好吗？

안배하다, 배치하다
그의 스케줄은 이미 찼어요.

방금, 막
방금 내가 당신한테 전화를 했는데, 없었어요.

혹은, 또는
이번 주 혹은 다음 주에 괜찮아요?

방문(하다)
저희 참관님이 당신네 참사관님을
뵙고 싶어 하세요.

활동(하다)
다음 주 활동은 현재 아직 잡지 않았어요.

괜찮다
이번 주는 아마 안 되요.

알리다, 가르쳐주다
내일 오전에 당신께 알려 드릴게요, 어때요?

대답(하다), 회답하다
언제 제게 회답하실 건가요?

转

请转983。

占线

对不起，983占线。

接

我给他打了两次电话，
都没有人接。

转告

你有事吗？我可以转告。

同意

我们参赞同意会见木村参赞。

会见

他想下星期一会见木村参赞。

如果

如果有变化，请给我来个电话。

直拨电话

你那儿有直拨电话吗？

통화 중이다

죄송합니다, 983은 통화 중입니다.

(의견, 물건, 종이 등을) 전달하다, 전송하다

983으로 돌려 주세요.

말을 전하다

무슨 일 있으세요? 제가 전해 드릴게요.

(전화를) 받다.

내가 그에게 두 번 전화했는데,
아무도 받는 사람이 없었어요.

접견(하다)

그는 다음주 월요일에 키무라
참사관을 접견하고 싶어해요.

동의(하다)

저희 참사관님이 키무라 참사관을
접견하는데 동의하셨어요.

직통전화

당신 거기에 직통전화 있어요?

만약

만약에 변동이 있으면, 제게 전화주세요.

能

那天的中文课，我又不能上了。

上课

王平老师正在上课。

请假

我还没跟王老师请假呢！

帮（助）

要不要我帮您请一下儿假？

一下儿

你在那儿等我一下儿。

被

名片被我忘在家里了。

记得

我不记得王老师的手机号码。

麻烦

麻烦您了。

수업을 하다, 수업에 출석하다

왕핑 선생님은 현재 수업 중 이세요.

…할 수 있다.

그날 중국어 수업을 나는 또 들을 수 없어요.

돕다

제가 당신 대신 휴가를 신청해 드릴까요?

휴가를 내다

저는 아직 왕 선생님께 휴가를 내지 못했어요!

…에 의해 …을 당하다

명함을 깜박하고 집에 두었어요.

한번

당신 거기에서 저를 좀 기다리세요.

성가시게 하다

번거롭게 해드렸어요.

기억하고 있다

저는 왕 선생님의 핸드폰 번호를
기억하지 못해요.

派

我是服务局派来的厨师。

顿

我每天做三顿饭还是做两顿饭？

外面

午饭我在外面吃。

开始

我什么时候开始上班？

了

明天您来得了吗？

请客

请客的东西都准备好了吗？

一早

明天我一早去买。

这么

好，就这么办。

끼, 끼니(식사 등의 횟수를
세는 양사)

· · · · · · · · · ·

저는 매일 세 끼 밥을 지어요?
아니면 두 끼 밥을 지어요?

파견하다

· · · · · · · · · ·

저는 서비스센터에서 파견 온 요리사에요.

시작(하다)

· · · · · · · · · ·

저는 언제부터 출근해요?

바깥, 밖

· · · · · · · · · ·

점심은 저는 밖에서 먹어요.

(손님을) 초대하다, 한턱 내다

· · · · · · · · · ·

한턱 낼 음식은 모두 준비했나요?

끝내다, 마치다

· · · · · · · · · ·

내일 올 수 있어요?

이렇게

· · · · · · · · · ·

네, 그럼 이렇게 하죠.

이른 아침

· · · · · · · · · ·

내일 제가 일찍 사러 갈게요.

卖

这儿卖菜的很多，买菜的也不少。

特别

这儿的菜都特别新鲜。

新鲜

这儿的西红柿很新鲜。

素菜

那儿的素菜好像不错。

好像

老师好像生气了。

斤

七毛钱一斤。

公斤

一公斤胡萝卜一块二。

一共

一共多少钱？

특별히

이곳 야채는 모두 특별히 신선해요.

(물건 등을) 팔다

이곳에 야채를 파는 사람도 많고,
사는 사람도 많아요.

야채, 채소

저기 야채 좋아 보여요.

신선하다

여기 토마토 매우 신선해요.

근(1斤=500g)

한 근에 7마오 입니다.

마치 …같다

선생님께서 화나신 것 같아요.

전부, 모두

모두 얼마예요?

킬로그램(kg)

당근 1kg에 1콰이 2마오예요.

放

这些椅子你想放在哪儿呢？

老式

我很喜欢老式家具。

旁边

这柜子我想放在床的旁边。

另外

我买了一张床，另外还买了桌子。

不少

你一定买回来了不少东西吧？

张

我想买一张桌子。

边

你看先放那张桌子两边怎么样？

对面

桌子就放在窗户对面。

구식(의), 고풍(의)

· · · · · · · · · ·

저는 고가구를 매우 좋아해요.

놓다, 두다

· · · · · · · · · ·

이 의자들을 어디에 두고 싶으세요?

그 밖에, 달리

· · · · · · · · · ·

저는 침대 하나를 사고, 탁자도 샀어요.

옆

· · · · · · · · · ·

이 장을 저는 침대 옆에 두고 싶어요.

넓고 평평한 것을 헤아리는 양사

· · · · · · · · · ·

저는 탁자 한 개를 사고 싶어요.

적지 않다

· · · · · · · · · ·

당신은 분명히 많은 물건을 샀었지요?

맞은편

· · · · · · · · · ·

탁자는 창문 맞은편에 놓아요.

…쪽, …측

· · · · · · · · · ·

당신이 보기에 우선 그 탁자 양 옆에
두는 게 어때요?

呀

你这阳台真大呀！

不过

这个公寓的环境不错，
不过房租不便宜。

比

他比我更高。

所以

我没跟你说过，所以你不知道。

清楚

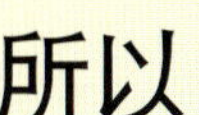

从这儿能看清楚故宫和天安门。

环境

这儿的环境真漂亮！

一样

老楼跟新楼不一样吗？

房租

老楼的房租比新楼便宜。

그러나

이 아파트의 환경은 좋은데, 집세가 싸지 않아요.

아!(놀람, 감탄 가벼운 긍정 등의 어기를 나타냄)

당신네 이 베란다는 정말 큰데요!

그래서

제가 당신께 말한 적이 없어서, 모르실 거예요.

…에 비하여

그는 저보다 키가 더 커요.

환경

이곳의 환경은 정말 아름다워요!

명확하다, 분명하다

여기에서 고궁과 천안문이 잘 보여요.

집세

구 건물의 집세가 새 건물보다 싸요.

같다

구 건물과 새 건물은 다르지요?

毛病

煤气灶好像有点儿毛病。

漏水

卫生间的水龙头也有点儿漏水。

只是

我学过中文，只是不会写汉字。

开关

煤气灶的开关有点儿问题。

换

换一个小零件就行了。

以为

我还以为有什么大毛病呢。

极

好极了。

要不

今天太忙，要不明天去吧！

물이 새다

화장실의 수도꼭지도 물이 좀 새요.

고장, 결점, 결함

가스레인지가 좀 고장 난 것 같아요.

스위치, 밸브

가스레인지의 밸브가 좀 문제가 있어요.

다만, 오직

저는 중국어를 배운 적이 있지만,
한자를 쓸 줄 몰라요.

…라고 생각하다

저는 무슨 큰 문제가 있는 줄 알았어요.

바꾸다

작은 부품 하나만 교체하면 되요.

그렇지 않으면

오늘은 너무 바빠요, 아니면 내일 가요!

극히, 아주, 매우

매우 좋아요.

称呼

您怎么称呼?

打扫

我的工作是不是打扫卫生?

熨

熨衣服。

擦

这些家具每天都要擦一擦。

刮风

特别是春天,北京常常刮风。

脏

一刮风,哪儿都很脏。

帮忙

有些衣服要用手洗,
就得请您帮忙了。

完

什么时候做完了事,
您就什么时候走。

청소하다

제 일은 깨끗이 청소하는 것이죠?

호칭(하다)

당신을 어떻게 부르지요?

(수건, 천 등으로) 닦다, 마찰하다

이 가구들은 매일 닦아야 해요.

다림질하다

옷을 다리다.

더럽다

바람이 불면, 어디든지 모두 매우 더러워요.

바람이 불다

특히 봄에는 베이징에 자주 바람이 불어요.

마치다

일이 끝나면 언제든지 가세요.

돕다

몇몇 옷들은 손으로 빨아야 해요,
그럼 당신께서 도와주세요.